满天星斗写传奇
卫星技术专家
孙家栋

石磊 主编

编委 王春河 刘登锐 张宏显 王文祥

北京出版集团
北京少年儿童出版社

图书在版编目（CIP）数据

满天星斗写传奇：卫星技术专家孙家栋 / 石磊主编.
北京：北京少年儿童出版社，2025.1. -- （中国航天见证者）. -- ISBN 978-7-5301-6804-2（2025.8重印）

Ⅰ．K826.16-49

中国国家版本馆CIP数据核字第2024VH3814号

中国航天见证者
满天星斗写传奇　卫星技术专家孙家栋
MANTIAN XINGDOU XIE CHUANQI
WEIXING JISHU ZHUANJIA SUN JIADONG
石磊　主编

*

北　京　出　版　集　团
北　京　少　年　儿　童　出　版　社　出版
（北京北三环中路6号）
邮政编码：100120

网　　址：www.bph.com.cn
北京少年儿童出版社发行
新　华　书　店　经　销
三河市嘉科万达彩色印刷有限公司印刷

*

787毫米×1092毫米　16开本　8.75印张　90千字
2025年1月第1版　2025年8月第2次印刷
ISBN 978-7-5301-6804-2
定价：35.00元
如有印装质量问题，由本社负责调换
质量监督电话：010-58572171

目录
CONTENTS

1. 祖上逃难闯关东 …………003
2. 辗转坎坷求学路 …………007
3. 红烧肉带来"红运" …………011
4. 寒窗苦读近7年 …………016
5. 半路被"劫"搞导弹 …………024
6. 苦干9年铸长剑 …………030

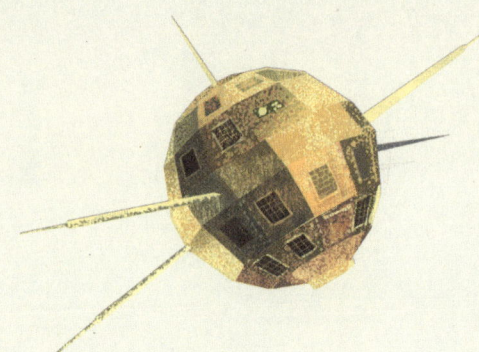

- **7** 华丽转身造卫星 ……… 038
- **8** 巧助卫星破难题 ……… 043
- **9** 功臣去哪儿了 ……… 048
- **10** 深思熟虑建奇功 ……… 052
- **11** 卫星归来举世惊 ……… 057

- **12** 果断决策巧"降温" ……… 063
- **13** 毅然请战造好星 ……… 070
- **14** 谈判桌上定乾坤 ……… 078
- **15** 护驾"嫦娥"赴月宫 ……… 087

16 老骥披挂再上阵 ………093

17 谋篇环球布"北斗" ………101

18 心底无私天地宽 ………113

19 两情正是长久时 ………118

20 犹向苍穹寄深情 ………124

链接索引 ………132

音频科普索引 ………134

一顿偶然的红烧肉不仅让孙家栋走上了从军的道路,也给他架设了一座走向尖端科学技术领域的阶梯。

1 祖上逃难闯关东

初春的一天，烟台港停泊的一条破旧的木船上，兄弟二人匆忙赶到。从两人黑里透黄的脸色来看，他们已经很久没有吃过饱饭了。然而他们身材高大，身板硬实，俨然是一双干农活的好把式。

这正是山东省牟平县的孙氏兄弟。

数百年来，这些祖籍关内的贫苦农民，因生活所迫，或推车或挑担步行，背井离乡闯关东，走上了关外的黑土地。

这孙氏兄弟中的老二便是孙家栋的天祖。

背井离乡、举目无亲的兄弟俩本想着到辽宁后可以相互依靠，可不幸的是，两兄弟下船后不久便失散了，这成为孙家几代人不堪回首的祖上悲歌。亲人失散的痛苦，加上缺衣少食，无处居住，使孙家栋的天祖陷入了无助的境地。

两兄弟事前商定过渡海后要去的方向，因此老二就按照商定的路线一路北行。但是到了事先商定的地方，却不见失散的哥哥。再往北行几日，依旧不见哥哥的踪影。此时，老二的寻兄之念就彻底落空了。

天无绝人之路，失望中的老二路遇好心人。好心人告诉他，这一带人口已经比较稠密，初来乍到的人不好生存，并劝他南下，到地多人稀的丘陵地带去，在那里可以求得一口饭吃。于是，听了劝说的老二不再继续往北边的盖县县城奔走，而是转过身来向着好心人指点的南边丘陵地带走去。

也不知道又走了多长时间，走了多少路程，当老二到了熊岳城南三十里（15千米）的地方时，他走进了一个叫草甸子的村庄。令他惊奇的是，村里房屋有序，树木成林，牛羊嘶鸣，人烟旺盛，他从心底里感到这就是自己落脚的地方了。

穷困潦倒的他在村里恰巧遇到一户姓马的人家，主人大概是看中了他人高马大有力气，又品性憨厚，便收留他做了长工。

从此落难逃荒的孙家老二就在这里落地生根。几年后，他开始独自开荒种地，养牛牧羊，还娶妻生子。多年以后，孙家的日子渐渐宽裕起来。

到了孙家栋的祖父这一代，祖父虽然还是个农家好手，但他明白，要想有个好前景，就一定要读书，要有文化。祖父决定送儿子，也就是孙家栋的父亲孙树人，进城读书。

孙树人被送到离村不远的私塾。他在私塾里读了《三字经》《百家姓》等书。因为他聪明好学，还被村里人称为"状元"。

孙树人19岁的时候，身材高大，一表人才。此时的他已经到了成家的年龄。

在距离草甸子村三十里的石门子村，有一个姓张的石匠。张

▶ 闯关东

关东的关,指的是山海关。山海关城东门,界定着关外和关内。关外,也就是关东,即辽宁、吉林、黑龙江三省以及内蒙古的部分地区。

从清朝中晚期到民国年间,战乱不断,连年遭灾,加上关禁疏松,大批关内百姓便历尽艰辛闯荡到关外,到地广人稀、土地肥沃的东北寻找生机。

19世纪,灾民闯入东北的数量、规模创历史最高。

石匠的女儿也恰巧19岁。她秀外慧中,虽不能识文断字,却为人宽厚有主见,是理家的一把好手。

孙树人和张家女儿郎才女貌,两人喜结连理。

孙家栋的母亲生育了四男二女,孙家栋是老幺。这个时期是孙家一段极其艰苦的岁月,孙母早出晚归,像男人一样在田间劳作,同时还承担着织洗缝补、洗菜做饭等繁杂的家务……她为整个孙家操碎了心。

孙家栋的父亲孙树人有着强烈的求学欲望,被族人十分看好。

经过族人的精细计议，他告别了家人，远赴奉天（沈阳的旧称），就读"洋学"沈阳师范学校。

在这所学校里，孙树人接受了新思想，收获了新知识，在各门考试中都取得了优异成绩。

经过三年寒窗苦读，孙树人毕业后被聘为盖平师范学校（位于盖县县城）的教师。

孙树人在盖平师范学校做了五六年教师后成为了校长。当上校长之后，他才有能力把妻子和一儿两女接到盖县县城，而另外两个儿子还要留在乡下，跟随长辈在田间劳作。

1929年4月8日，孙家栋降生在盖平师范学校，在家中排行第六。

孙家栋在这所学校里生活了3年。在这段日子里，家中生活安定平稳，经济比较宽裕，这为他的身体发育和各方面发展都奠定了良好的基础。

2 辗转坎坷求学路

有一个孩童,小学 6 年他转学 3 次、上过 4 所学校,这个孩子的上学之路可谓坎坷。他就是童年时代的孙家栋。

1932 年,不知是由于待遇的原因,还是对以后发展的权衡,孙树人决定离开盖平师范学校,带领全家迁入哈尔滨市,他到当地的地亩管理局谋得了一个职员位置,以后又升迁为科长。

1936 年,孙家栋步入小学。这所学校叫建设小学,从他家往南走 200 米就到了。在这所学校里,孙家栋度过了 3 年半的时光,不仅学到了初级的学童知识,还见识了孩童所能玩的各种游戏。

在遭受日寇侵略的乱世之中,一家人在哈尔滨的生活是很困难的。无奈之下,孙树人再次离职,到了辽宁省营口税捐局谋职。小学三年级的孙家栋跟随父亲到了营口,转到了当地一家六年制的教会小学就读。但他只在这所学校里待了一年半,读到了五年级。之后,孙家栋又因父亲调职来到辽宁省辽原县城,他在这里的一所小学读六年级，半年之后又随父亲来到辽宁省凤城县。在凤城的小学，孙家栋又读了半年书。在辗转了4所小学后，他终于完成了小学阶段的学业。

对于孙家栋的中学应该报考何处，一家人进行了认真的商议，最后决定报考哈尔滨的学校。这样考虑的一个重要原因是孙家栋的一个姐姐嫁到了那里，上学期间的生活费用可以由姐姐分担，同时也可以得到姐姐的照顾。

1942年夏，13岁的孙家栋以优异的学习成绩考取了哈尔滨第一高等学校。这是一所四年制的工科专业学校，学校设有3个系：机械系、电器系、土木系。他选择了土木系。这很符合孙家人的愿望，他们认为土木建筑是国需民用必不可少的行业，不愁没事做，不愁没饭吃。而孙家栋则一门心思打算学好本事，将来盖新房、铺马路、修大桥。然而，他怎么也没有想到日后会把新房、马路、大桥修到天上去。

几年后，孙家栋就读的学校因为社会秩序混乱停课了，父亲在战乱中也回了老家，无书可读的孙家栋无奈之下只好投奔居住在哈尔滨的姐姐。

好在孙家栋的姐夫在市郊开有一家照相馆，生意还不错，孙家栋便有了在照相馆做帮手的机会。他帮助修版、洗印、收发照片，晚上配制药水。他开始学习照相，并且照相技术提高得很快，姐姐和姐夫对他非常满意。

盼子心切的父母多次捎信，催促孙家栋回老家。读书无望的孙家栋便踏上了返回老家辽宁盖县的路途。他先是乘火车到达辽宁境内的许家屯，然后从这里步行回家。在冰天雪地之中，他步履艰难，一步一步地走回了草甸子村。

然而，到家后得到的第一个消息，却是父亲又去了沈阳——在同学和同事的帮助下，孙树人在那里又谋得了一个教师的职位。

回到老家的孙家栋跟着叔叔、哥哥们挑粪、装车、卸车、撒粪、点种、埋种……他聪明勤快，干活很得要领，家里人十分满意。

1946年6月，孙树人托人从沈阳捎来了信，他在信中提到希望孙家栋不要长久待在老家，尽快到沈阳继续求学。

老家的亲人一致支持他到沈阳求学。孙家栋和一个朋友搭伴，几经辗转到了沈阳。不巧的是，此时父亲孙树人却离开了沈阳，到海城做师范学校的恢复工作去了。孙家栋又辗转去了海城。

孙树人找人帮忙，终于在1946年9月使孙家栋进入了锦州大学先修班就读。这所学校名义上是大学，实际上却只有一个大学的架子，教学条件和师资力量明显不配套，并且孙家栋还要先入预科班补习两年的中学课程。

1948年，战火中的锦州大学被迫停课，预科班也没办法继续办了。孙家栋不得不离开锦州到了沈阳，发现这里也乱作一团。他先是听父亲的同事、朋友讲，父亲仍在海城，后又听说父亲早已回到老家。

混乱中，孙家栋在沈阳街头巧遇哥哥孙家楠。高兴之余，哥哥告诉他哈尔滨工业大学将要恢复教学，开学在即，孙家栋可以先到哈尔滨的姐姐家落脚。

孙家栋再次回到哈尔滨，到姐夫开的照相馆帮忙。

1948年9月，孙家栋盼望已久的日子终于到了，哈尔滨工业大学张贴出招生启事。孙家栋顺利通过严格的入学考试后，如愿以偿地进入了理想的大学。

3 红烧肉带来"红运"

孙家栋曾说："我这辈子还真是喜欢吃红烧肉，不仅仅是口味的问题，还有一些与红烧肉相关的其他原因促成了我喜欢红烧肉，比如我的人生道路的选择就是由一顿红烧肉而促成的。"这事儿要从孙家栋读大学预科说起。

孙家栋在求学的道路上有过三读大学预科的坎坷经历。

孙家栋第一次读预科是在锦州大学。校方说，孙家栋之前上的哈尔滨第一高等学校是日本人开办的中等专业学校。由于他没有毕业，受教育时间不够，因此不能进入本科。要上锦州大学，就要在这所大学开设的"预科班"里补习两年的中学课程。然而，锦州大学在1948年关门停课，孙家栋的第一次大学预科学习就这样宣告结束。

孙家栋第二次读预科是在哈尔滨工业大学。入学后，又遇到了老问题——学校不承认日式中学教育学历。要读哈尔滨工业大学必须先就读本校的预科。预科成绩合格后，才能进入本科学习。

▲ 1951年担任空军俄语翻译的孙家栋

一夜之间，孙家栋穿上蓝军装、戴上制式帽，由一名踌躇满志的学生，成为了一名军人。孙家栋后来回忆，当时我国空军的一批优秀飞行员都是在这所学校里学成后参加战斗的，这些飞行员充分发挥了个人的聪明才智，在战场上建功立业，保卫了国家和人民，成为了战斗英雄。

无可奈何之下，孙家栋第二次进入大学预科班学习。

苏联人管理的哈尔滨工业大学使用俄语授课，预科班的主要课程就是学习俄语。孙家栋认真学习俄语，很快就显现出学习语言的才能。经过一年多的预科俄语专修，孙家栋的俄语听说读写技能已经比较熟练了，这为他日后学习专业课程奠定了坚实的语言基础。

孙家栋第三次读预科是在苏联，这和那顿红烧肉就有了联系。

1950年3月3日是元宵节。这天，孙家栋本来准备午饭后去姐姐家，但听说学校晚饭有红烧肉，便临时改变了主意，那年月能吃上红烧肉可不容易。为了这顿红烧肉，他决定吃完晚饭再去姐姐家。

就是这顿红烧肉，彻底改变了孙家栋的命运。晚饭时刻，校领导突然来到预科班餐厅宣读了一个通知：为了加快建设中国空军的步伐，空军要在这批学生中挑选人员，有意者可立即报名接受挑选。报名者务必赶上两个半小时后，也就是晚上8点半从哈尔滨开往沈阳的火车。

未满21岁的孙家栋不禁想到中国人民解放军迈着雄壮的步伐在天安门广场接受检阅的威武军姿，心中泛起一阵阵热流，他毅然递交了从军申请。

没有时间通知姐姐，没有机会回家，甚至来不及与同班同学告别，经过集合、编组、训话后，参军的同学们坐上了当晚开往沈阳的火车。

这顿偶然的红烧肉不仅让孙家栋走上了从军的道路，也给他架设了一座走向尖端科学技术领域的阶梯，为他后来成为著名航天工程技术专家提供了一个重要的机遇。

原来，急招这些懂俄语的学生，是让他们作为俄语翻译，为苏联空军教官训练中国飞行员服务。

1950年的农历正月，孙家栋被分配到沈阳北陵机场担任苏联教官的俄语翻译。

中国第一代空军在战场上重创敌军后，国家意识到要使中国空军强大起来，就必须培养高级飞行指挥人员、高级技术人员，以及维修、管理、地勤人员，这样才能真正掌握未来战争的制空权。

> **链接　茹科夫斯基空军工程学院**
>
> 苏联培养空军各种专业工程师的高等军事学校，是研究航空技术装备及其技术维护与战斗使用方面问题的科研中心，校址在莫斯科。前身是1919年根据俄国著名空气动力学家H.E.茹科夫斯基倡议建立的莫斯科航空技术学校。在该校指挥系、战役系、领航系的基础上，组建了新的空军学院，1968年更名为加加林空军学院。

为此，空军领导向中央提出到苏联培养留学生的报告。

中央立即批准了这个报告。

1951年7月，经过多轮考核、层层选拔审批，工作业绩优异的孙家栋与20多名军人，前往北京参加去苏联留学的最后一轮面试选拔。最终，孙家栋通过了面试。他们要去学习的地方是苏联知名军校，位于莫斯科的茹科夫斯基空军工程学院。

1951年秋，孙家栋一行踏上了去往苏联军校的征程。要进入茹科夫斯基空军工程学院学习，还需要经过苏方严格的摸底考试。经过一系列的考试后，学院对这批中国学员的评价是：俄语水平尚可，但是文化水平参差不齐。为此，中苏双方决定，全体学员上一年预科。这便是孙家栋求学路上的第3次大学预科学习。

↑ 1951年4月到苏联学习前，
孙家栋（左）与三哥合影

学校抽调了最好的高中教师，为他们教授数学、化学、物理和俄语。孙家栋的文化基础本来就比较扎实，利用这次读预科的机会，他又进行了一次巩固和提高。通过整整一年的预科学习，他和同学们圆满完成了基础理论的学业，1952年9月正式进入本科学习。

4 寒窗苦读近 7 年

进入本科后,孙家栋被分配到飞机发动机专业,这是当时世界上非常先进的专业。为了让学生掌握科学知识,课程安排得非常紧张,仅飞机发动机理论课程就有发动机理论、飞行动力学、空气动力学、飞机结构力学、液体火箭发动机原理、流体力学、热力学、理论力学等。在学习上,孙家栋总是不断给自己加码,白天上课,晚上做练习,巩固当天学习的知识,预习明天的功课。伴随他学习的灯光总是亮到凌晨一两点钟。

由于勤奋好学加上天资聪颖,孙家栋不久就显露出他的与众不同。他爱钻研,又有打破砂锅问到底的精神,常常在课堂上提出很深很难的问题。卡拉普托夫的数学课最受欢迎,孙家栋问他的问题也最多,老师有时也因答不出来而满头大汗。但是,卡拉普托夫不仅不感到难堪,反而愿意同孙家栋这样的学员讨论问题。

到了论文答辩阶段,孙家栋的论文是《高声速歼击机的设计》。在准备答辩的过程中,对他关爱有加的教官土尔金中校非常上心,

▶ 在苏联读书时的孙家栋

在三年级的一次航空发动机理论考试中,孙家栋显示了他刻苦学习的"真功夫"。主考官采取一个一个分别面试的方法,轮到孙家栋时,恰好主考官是苏联赫赫有名的科学院院士涅恰耶夫。因学校各年级都在考试,涅恰耶夫院士拿错了考卷——他拿出了孙家栋还未学过的"发动机静态下主要性能参数的推导问题"一题。只见孙家栋镇定自若、条理清晰地回答了出来,并且答案正确无误。此时涅恰耶夫院士突然反应过来,发现拿错了考卷。他惊异地问孙家栋"这是你没有学过的内容,你为什么会答?"孙家栋回答说:"课余时间看过。"涅恰耶夫院士听后频频点头,众多陪考官纷纷对孙家栋投去赞赏的目光。他们为孙家栋的博学多识而高兴,为中国学生的勤奋学习精神而赞叹。

不仅严格地检查了孙家栋的论文,讨论了论文中的一些问题,还在全组进行了座谈。

谁都没有想到,享誉全球的大人物、航空界泰斗、"伊尔18"到"伊尔76"型飞机的总设计师、苏军中将伊留申心血来潮暗访军校,要亲自考察中国留学生的论文答辩。答辩委员会的成员得到这个消息后非常紧张,虽然大家选定孙家栋为答辩人,但还是怕他临场紧张,发挥失常。在众人的忐忑中,孙家栋上场了。

孙家栋做课堂实验

他在航空界泰斗面前淡定自若,对答如流。对伊留申提出的许多深奥问题,孙家栋回答得有理有据,见解独到。这个中国学生的表现令伊留申刮目相看。

论文答辩以后是专家们的提问,一边是专家们难题不断,一边是孙家栋对答如流,严肃紧张的考试变成了轻松有趣的对谈,答辩委员会的成员如释重负。平时稳如泰山的伊留申如同孩子般兴奋,他突然伸出了大拇指,面对答辩委员会高声大喊:"给5分,给他5分!"

孙家栋不仅学习优异,他在校学习期间还非常注意德智体美全面发展。

学校对面有一个可容纳十万观众的体育场,孙家栋是这里的常客。他喜欢打篮球和排球,因反应灵敏,动作娴熟,弹跳高,投球准,被称为篮球场上的全能选手。孙家栋的乒乓球技艺也名声在外,他常常被校内高手邀请到军官俱乐部打球。运动场中还设有一个电影院，孙家栋爱看电影，当学习累了需要放松的时候，他就会前去看场电影。为了加强同苏联青年的交往，他学会了跳舞；为了强健体魄，他学会了长距离滑雪。

1956年2月的一天，对孙家栋这批中国留苏的学员来说，是一个值得纪念的日子。这一天，他们来到中国驻苏联大使馆参加授衔仪式。孙家栋在中国人民解放军首次实行军衔制时，被授予中尉军衔。

1956年8月6日，是孙家栋又一个难忘的日子，由于他在各方面严格要求自己，学习拔尖，政治上进，军体优秀，留学生支部批准他光荣地加入中国共产党。

经过近7年的学习，中国留学生就要毕业了。

孙家栋的同窗刘从军曾回忆说："孙家栋自进入茹科夫斯基空军工程学院读预科开始，一直到本科毕业，7年里，他的各科考试成绩从来没有得过3分、4分，门门是5分，年年是5分。"

茹科夫斯基空军工程学院有一个激励学生的传统做法，就是把每年年终考试获得全优的学生照片放入"光荣榜"，如果这个学生年年都能保持全优，他的照片便会一年往上挪一次，并且照片一年比一年大。毕业时，"光荣榜"顶部照片上的人将会获得一枚50克重纯金质的"斯大林奖章"，这是苏联高等学府颁发的最高奖励。这枚奖章对学生来讲是梦寐以求的，因为如果能获得这种奖章，毕业时不仅可以比普通学生的军衔高一级，而且可以优先选择自己满意的工作，还可以带双份工资享受3个月的休假。

1958年3月10日，孙家栋的大照片就出现在学院一进门的橱

◀ 斯大林金质奖章

窗里最显眼的"光荣榜"上。

本期毕业生共有13人获得优秀学员称号，中国4人，孙家栋是其中之一。

颁奖仪式在苏联红军俱乐部举行，场面非常隆重壮观，锣鼓喧天，军号齐鸣。军校校长率所有教官、教授与会，苏联军方多位将军出席，全体学员戎装坐在后面，许多学员家长也被邀请到了现场。在雷鸣般的掌声中，孙家栋等获奖者登上主席台，校长和将军们给他们戴上了金质奖章。耀眼的镁光灯照相机、摄像机一齐对准了他们。

1958年4月，孙家栋带着珍贵的奖章与22名同窗战友结束了在苏联6年8个月的苦读岁月，登上了归国的列车。

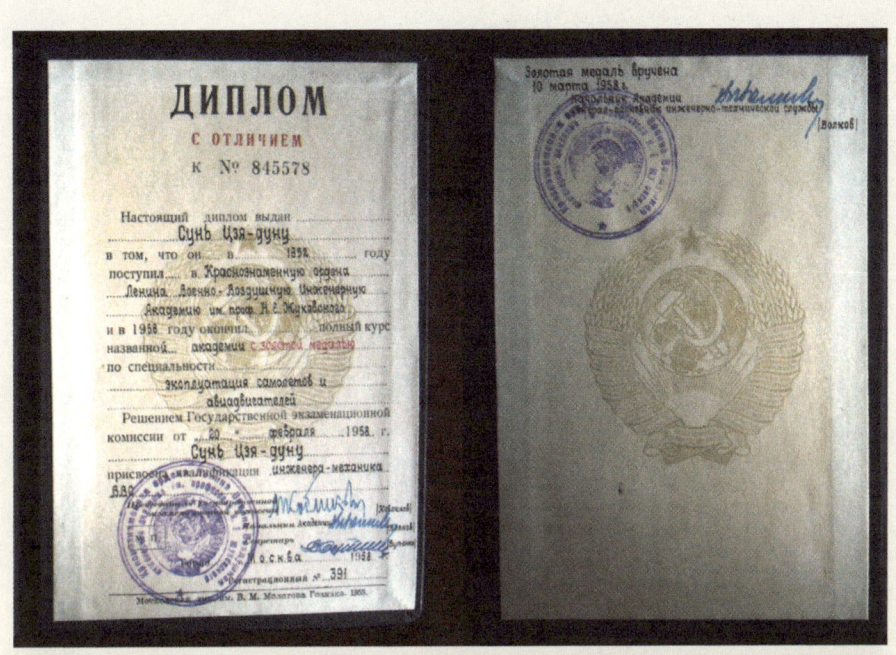

⬆ 孙家栋的毕业证书

⬆ 1958年4月，孙家栋（最上排中）与中国的22位同学在苏联茹科夫斯基空军工程学院合影

由于勤奋好学加上天资聪颖,孙家栋各科考试成绩优异,荣获苏联高等学府颁发的最高奖励——"斯大林奖章"。

5 半路被"劫"搞导弹

国家需要学有所成的孙家栋,国家也给孙家栋提供了施展才华的机会。

早在孙家栋和同学回国之前,负责国防科技工业建设的部门已经盯上了这批"宝贝",于是向空军领导提出要人。此时中国国防建设最急需的是搞导弹武器的人才,空军领导心里也清楚没有不给的道理,只好忍痛割爱。孙家栋的名字被圈到了国防部的名单里,他没有留在空军做所学专业的工作,而是被搞导弹的国防部第五研究院(简称国防部五院)"半路劫走"。

国家需要搞导弹,学了7年飞机发动机专业的孙家栋,毅然放弃了自己的专业方向,开始了新中国导弹的研制工作。

1958年4月20日,孙家栋拿着一纸调令来到国防部五院一分院导弹总体设计部。此时,国家正在谋划中国导弹武器的发展战略。

20世纪50年代的中国,经济和技术都比较落后,在一无设备、二无资料的条件下,建立和发展导弹事业可谓是一张白纸、两手空空。新中国的领导人从党和国家的最高利益出发，高瞻远瞩地制定了一系列战略决策，把导弹武器的研制列为国家的重点工程，缺资金给资金，缺人才立即调配。在创业之初的短短几年，国内比较知名的技术专家云集研究院，国家还调集了数以千计的大中专毕业生，充实到科研生产的第一线。

大名鼎鼎的钱学森就是国防部五院院长兼一分院院长。当时国内只有钱学森一个人搞过导弹，他参与过美国早期导弹的研制，此时由他带领一批"初生牛犊"开始研制中国的导弹。

孙家栋在苏联学习期间就听说过钱学森的大名，他没想到自己如此幸运，刚回国就能在钱学森身边工作。孙家栋回忆道："1958年我从苏联留学刚回国，就跟着钱学森搞导弹，真是又高兴又担心。高兴的是，能在刚刚创立两年的国防尖端科技部门工作，可以为国家干一番事业。担心的是，自己学的是航空专业，导弹是什么样子，怎么设计，怎么制造，心里一点底也没有。"当时周围的同志，有学力学、数学、化学、通信、材料学的，就是没有学导弹的，孙家栋所学的航空理论还算是与导弹离得最近的专业。那时候，钱学森编制教学大纲，亲自讲授导弹概论，并请其他专家讲授空气动力学、火箭发动机、制导……

当时，中国还不能自行研制导弹，导弹研制工作是从仿制苏联援助的P-2近程导弹开始的。孙家栋恰逢其时，一到导弹总体设计部即参加到P-2导弹的仿制与改型设计中。当时总体设计部主任是中国导弹事业的开创者之一、后来的"两弹一星"功勋科学家屠守锷。

◀ 进入国防部五院时的孙家栋

在屠守锷的带领下,工程总体设计员孙家栋和其他年轻的科技人员激情满满地从"解剖麻雀"开始,即把导弹一个部件、一个元件地拆下,再一一复原。通过这样解剖的办法了解弹体结构,了解设计原理,吃透设计思想,掌握设计知识。他们走过了从图纸描红、原理研究、消化吸收、反设计仿制,到改进创新的艰难历程。在这里,孙家栋见到了导弹,了解了导弹,为设计导弹打下了必要的坚实基础。

孙家栋在苏联留学7年,俄语水平较高。为了搞懂导弹设计原理,面对像小山一样的俄文资料,他马不停蹄地开始了翻译工作。翻译出来后,他把资料按系统归类,尤其是导弹总体技术指标和数据,还要进行验算,以便了解苏联人的导弹设计思想,把导弹技术吃透。在工作中,他吃苦耐劳,勤学巧干,很快便崭露头角。1960年8月,孙家栋被任命为导弹型号总体设计室主任。

孙家栋的留苏同窗刘从军回忆说："在我国导弹发展初期，在许多方面都是空白的情况下，谁的点子多，谁的主意好，谁的建议就被采纳。我与家栋同在导弹总体设计部工作，为加快导弹研制速度，需要摸索导弹研制规律，上级抽调了4名技术骨干编制《导弹发展规划》，我和家栋都被抽调过去。在编制规划的过程中，他眼界开阔，思路敏捷，出了不少好主意。例如，导弹外径尺寸的确定，发动机采用可贮存的推进剂，控制系统采用惯性制导，遥测加大数据量，结构强度按照桁条薄壳理论计算，中程、远程、洲际导弹射程的界定，多级导弹的级数，发动机推力等，都是家栋最早提出建议的。《导弹发展规划》呈报给钱学森后，钱老将其改名为《弹道导弹发展技术途径》，这份报告对我国导弹、火箭的后续发展起到了重要作用。"

> 苏联援助的导弹

↑ 导弹起竖

孙家栋身在总体设计部，对航天总体工作深明要义，他说："所谓总体工作，就是要用最可靠的技术、最少的代价、最短的时间、最有利的配合、最有效的适应性和最有远见的前瞻性，制订出最可行的方案，保证获得最好结果的一种方法和体制。"他还解释道："在研制过程中，一旦某系统出现的问题影响了其他系统的工作，总体部就要立即进行协调。比如桌子与椅子的配合，如果在桌子太高而椅子虽矮但属于正常尺寸的情况下，一般的处置方法是降低桌子的高度，可如果降低桌子高度所花费的时间过长、难度过大、成本过高、风险过大时，总体就有可能用不降桌子而升椅子来实现桌椅之间的协调。"

那时，各级领导都非常重视总体工作，钱学森不论工作多么繁忙，每周都要到孙家栋这个总体室来了解情况，讨论中即使大家所说所想有什么不对、不妥，钱学森都是耐心引导、启发。面对大师的言传身教，孙家栋认真学习。遇到难解的问题，孙家栋也经常直接找钱学森。他从钱学森那里学到了许许多多实实在在的东西，钱学森也非常欣赏这个年轻人。

6 苦干9年铸长剑

1958年秋，国防部五院开展了广泛的技术学习活动，组织技术人员向苏联专家学习。大多数来华的苏联专家，热情帮助我国技术人员消化资料，掌握技术，并提供了一些管理方面的经验，在导弹的仿制和研制基地的建设中，做了大量有益的工作。在苏联专家的帮助下，我国一方面开始进行导弹研制基地和发射场的建设，另一方面开始仿制苏联P-2近程地地导弹（当时的计划是1959年10月发射，工程代号为"1059"）和几种战术导弹。导弹仿制工作的开展，加速了我国掌握导弹技术的步伐。

孙家栋与导弹为伍，干得正欢，没想到苏联"老大哥"突然翻脸，抽回了援助之手。

1959年6月20日，苏共中央致函中共中央，声称苏联与美国等西方国家正在日内瓦谈判《在全球禁止核武器试验条约协议》，如西方国家一旦知悉他们正在国防新技术方面援助中国，有可能破坏社会主义国家为争取和平、缓和国际紧张局势所做的努力。

因此，苏联提出：中断对中国在国防新技术方面的援助。

1960年7月16日，苏联政府照会中国政府，决定自7月28日到9月1日，撤走全部在华的苏联专家。

惊愕的中国政府很快复照苏方，希望苏联政府重新考虑并且改变这一决定。但是，盼星星盼月亮等来的回音，竟是苏方以毫无商量余地的态度，在一个月的极短时间内，撤走了援华的1390名苏联专家，撕毁了两国政府签署的12个协定，废除了200多个科技合作项目。到1960年8月12日，在国防部五院的苏联专家也全部撤走。

多年后，孙家栋回忆此事说："研制导弹这么大的工程，你给搞到半截儿，什么也不说，第二天早上拍拍屁股就走了，这对我们工作造成的损失确实是太大了。就从这一点来讲，我们辛辛苦苦地向你们学习，你们扔下我们就走，这不是坑人嘛。但是苏联撤走专家，反倒激起了我们一股干劲，我们一鼓作气自己把导弹干起来了！"

1960年8月，孙家栋被任命为导弹型号总体设计室主任，他随"东风一号"导弹试验队赴酒泉发射基地参加发射任务，这是中国仿制的第一枚近程地地导弹。11月5日，也就是苏联专家撤走的第83天，"东风一号"导弹发射获得圆满成功。中国从此拥有了自己制造的导弹，填补了尖端武器的空白，孙家栋与所有的参试人员一样感到欢欣鼓舞。

1962年3月21日，我国自行设计制造的第一枚中近程导弹"东风二号"首次进场发射，发射失败。孙家栋与所有参试人员一样

⬆ "东风一号"导弹

  中国依据苏联援助的P-2导弹仿制的近程地地导弹，原定于1959年10月发射，代号1059。由于苏联突然中断援助，我国科技人员被迫自行仿制，并于1960年11月5日发射成功。导弹全长17.7米，弹径1.65米，起飞重量20.4吨，采用一级液体燃料火箭发动机，射程550～600千米，可携带1300千克的高爆弹头。1964年改称"东风一号"导弹。

难过得泪洒发射场，饱尝了失败的痛苦滋味。之后，他与同事们立即投入到故障查找、分析与方案设计改进的工作中。

1964年6月29日，孙家栋到酒泉发射基地参加了"东风二号"中近程导弹的第二次发射任务。这是经过修改设计后的导弹，发射取得圆满成功。这年7月，孙家栋被任命为我国第一个自行设计的中程导弹的总体主任设计师。不久，他又升任导弹总体设计部副主任。

1966年12月26日，孙家栋参加的我国自行设计的"东风三号"中程导弹发射成功。"东风三号"导弹的成功发射，为以后各类导弹的研制积累了有益经验。后续的"东风四号"导弹的设计就是基于这些经验，将单级导弹变为多级导弹，取得了设计与发射的成功。

从1958年4月20日来到国防部五院一分院总体设计部，至1967年7月29日离开一分院，孙家栋从事导弹研制工作整整9年时间。

从仿制苏联近程导弹开始，他先后参与或承担了自行研制中近程、中近程改进型、中程导弹，到研制中远程导弹的工作，一路走来步履坚实有力。9年中，他由一个普通的导弹总体设计员，成长为总体组长、总体设计室主任、总体设计部副主任，他的技术水平和领导能力也在实践锻炼中日益炉火纯青。

回忆起这段历史，孙家栋感慨地说："小时候最大的愿望是将来能成为一名土木建筑师，幻想可以建造大桥；在哈工大读书时，听说学校要增设汽车专业，我觉得造汽车比造大桥更富有挑

⬆ "两弹结合"试验成功

1966年10月27日，我国用改型的中近程地地导弹发射核弹，也就是人们常说的"两弹（用导弹发射核弹）结合"试验。这次"两弹结合"试验取得圆满成功。从此，中国拥有了自己的导弹核武器，进入了世界"核俱乐部"，这一重大事件轰动了世界，长志气、扬国威，大大提高了中国在国际上的地位。

 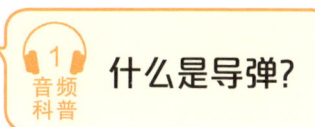

战性,没想到最终到苏联学的是比汽车更先进的飞机设计。然而,从苏联回国后却没有搞过一天的飞机,一毕业就加入了中国导弹研制大军。我当时心里暗暗发誓,这辈子要在中国导弹事业上发愤图强,做一番事业。但没有料想到的是……"

后来,他的人生又迎来了一次意料之外的"华丽转身"。

就当孙家栋以为这辈子要在中国导弹事业上做出一番成就时,他的人生又迎来了一次意料之外的"华丽转身"。

7 华丽转身造卫星

就像当年为了吃红烧肉而遇到的转机一样，人生的转折点又一次出现在孙家栋的面前。

1967年7月末，正是北京最炎热的盛夏。孙家栋汗流浃背地伏案设计导弹，时不时扯下搭在脖子上的毛巾擦汗，他没有发现一位"不速之客"悄悄走到了他的身旁。

来客是国防科委的一位参谋。他主动上前和孙家栋打招呼，孙家栋因衣冠不整有些不好意思。这位参谋简单明了地向孙家栋转述了中央确定组建中国空间技术研究院，由钱学森担任院长的指示，并告诉他，经钱学森亲自点将，调孙家栋到中国空间技术研究院负责我国第一颗人造地球卫星（以下简称人造卫星）的总体设计工作。

人生的转折来得如此迅速和突然，已是国防部五院一分院导弹总体设计部副主任的孙家栋，对放弃自己已经熟悉并建树颇丰的领域，转场去搞陌生的人造卫星，没有一点思想准备，顿时心中有些茫然。

国防科委的参谋和孙家栋谈完后，当即就用吉普车拉着孙家栋和他的行李，从北京南郊来到位于北京西北部的友谊宾馆，宾馆北馆是中国空间技术研究院的临时办公地点。到达后，有关领导向孙家栋详细介绍了我国研制人造卫星的情况。

我国研制人造卫星的历程可谓一波三折。

1957年10月4日，苏联发射了有史以来第一颗人造地球卫星"斯普特尼克1号"，震惊了世界，也震惊了中国。1958年，我国决定研制人造卫星。不久，中国科学院便把研制人造卫星列为中国科学院1958年第一项重大任务，代号为581（即1958年第一号任务）。

然而，中苏关系的紧张

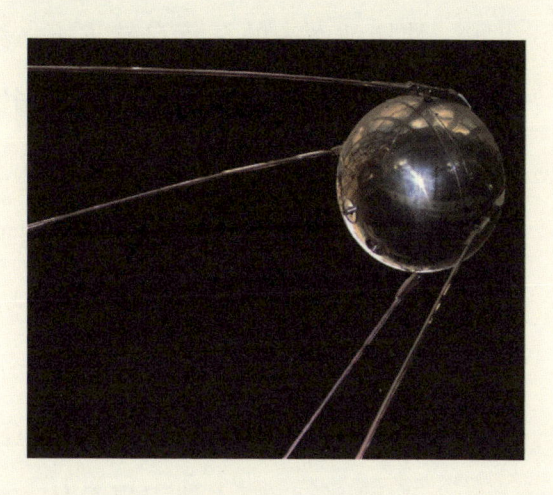

↑ 苏联成功发射世界第一颗人造地球卫星

链接 "斯普特尼克1号"

苏联于1957年10月4日发射的世界第一颗人造地球卫星。它是一个直径约58厘米、重83.6千克的铝合金球状物，内含两个雷达发射器、多个气压和气温调节器，外面有4条鞭状天线。它的用途就是通过向地球发出信号来提示太空中的气压和温度变化。卫星升空后发射了3个星期的信号，在轨道中度过3个多月，围绕地球转了1400多圈，最后坠入大气层焚毁。

和接踵而来的三年自然灾害，给我国国民经济的发展带来了巨大的挫折和严重的影响，许多国家重点工程不得不下马，刚刚开始的581任务也只好偃旗息鼓。

斗转星移，时光荏苒，到了1964年，我国经济形势好转，自行研制的中近程导弹也发射成功。1965年，在581任务中断7年后，中国科学院又重启卫星研制任务，并把任务的代号定为651。

1965年10月，中国科学院受国防科委委托，在北京主持召开了中国第一颗人造卫星总体方案论证会。论证会确定，我国第一颗人造地球卫星为科学试验卫星，取名"东方红一号"，主要为发展我国对地观测、通信、广播、气象、预警等各种应用的卫星，取得基本经验和设计数据，具体任务是测量卫星本体的工程参数，探测空间环境参数，奠定卫星轨道参数和遥测遥控的物质技术基础。会议一致同意，我国的第一颗卫星在重量、寿命、技术等方面，都要比苏、美第一颗卫星先进，并做到"上得去、抓得住、听得到、看得见"，努力做到一次成功。

为保证卫星研制工作顺利进行，1968年中央决定成立中国人民解放军第五研究院（中国空间技术研究院的前身），由钱学森兼任院长，带领研制队伍完成"东方红一号"卫星的研制工作。

钱学森认为，卫星研制同导弹研制一样，总体设计部极其重要。由谁来领导总体设计部呢？他想到了年富力强的老部下，38岁的孙家栋。于是便有了开头的一段故事。

为了尽快启动卫星总体设计工作，孙家栋向钱学森提出建议，从运载火箭技术研究院调几个搞总体方面的技术人员。钱学森同

⬆ 自力更生研制中国卫星

意了,并让孙家栋拟定名单。

经过一段时间的紧张考察和挑选,从不同的专业角度与技术特长出发,孙家栋最后选定了戚发韧、沈振金、韦德森等18人,名单很快得到上级批准。

这18人后来大多成为了中国空间技术研究领域里的骨干。

作为卫星技术总负责人的孙家栋上任伊始,即着手主持了第一颗卫星总体和分系统技术方案的论证工作,他根据上级提出的"上得去、抓得住、听得到、看得见"的总体目标,说服了一些持"卫星探测功能要多"意见的老专家,把原来比较复杂、涉及面较广的方案大大简化了。最后确定,卫星由结构、热控、电源、短波遥测、跟踪、无线电和《东方红》乐音装置以及姿态测量部件组成，总质量 173 千克左右，直径 1 米，外形为近似圆球的 72 面体，采用自旋稳定方式在太空运行。

当卫星总体技术的最终方案需要上级拍板时，孙家栋不顾局势混乱找到上级领导直率而恳切地说："你们定了，拍个板，我们就可以往前走。"

为了国家利益，孙家栋毅然抛掉许多个人顾虑，敢于担风险，一门心思就是保证让中国的人造卫星按计划发射成功。他的无私无畏得到了领导的支持，卫星研制计划终于得以顺利进行。

8 巧助卫星破难题

不同于导弹研制，中国的卫星事业是在没有外援的情况下，自力更生、白手起家的。要完成"上得去、抓得住、听得到、看得见"的目标，并不简单。

此时，从搞导弹改行搞卫星的孙家栋，充分发挥了他不懂就问、不会就学、动脑巧干的特长。

卫星总体设计部是卫星设计的龙头单位。它从卫星整体出发，给各分系统提出技术指标，如重量、尺寸、功耗、接口及研制进度等要求。为了加快卫星研制进度，星上各系统、各部件是并行（同时）开展研制工作的。这样做的好处是会大大加快研制进度，缺点是如果某个系统或设备所分配的指标不够用或者有富余，就很难调整，还势必会影响其他设备。

在卫星本体最初功耗的分配上，各分系统从自身设备研制角度出发，为了自己的设备有回旋余地，都尽量多申请一些指标。但是回旋余地太大，就可能对其他系统带来影响，比如应答机申请到了 10 瓦的电耗指标，可设备研制出来后实际用电量只有 8 瓦。这样一来就给温控系统带来了难题，因为温控的散热系统已经完成，散热过多就会影响卫星的整体性能。于是，温控系统的研制人员就向应答机的研制人员提出异议。搞应答机的人还以为节省了功耗是好事，没想到成了坏事。现在双方的设备都已经做好，更改起来非常麻烦，问题只好反映到孙家栋面前。

面对两个已经做好的设备，已经没有时间进行调整，孙家栋也犯了难。在争分夺秒的日子里，是不能因动一处而影响全局的。几番思考后，他眉头一皱计上心来，将一个电阻与应答机串联起来，使两者功率相加一共耗电 10 瓦。这样既不影响设备的工作状态，又保持了原来设计的热平衡状态，难题就这样巧妙地解决了。

后来，当卫星出现了质量富余后，由于动平衡试验也已经完成，

◀ 孙家栋在卫星测试厂房中工作

孙家栋又是用了同一种思路，采取相同的办法，在质量不够的仪器设备上增加了配重加以解决的。

在"东方红一号"的研制工作中，有一个目标任务是"看得见"，就是指卫星环绕地球飞行时，地面上的人用肉眼能看得见它。

试想，一颗运行在距地球几百千米的轨道上、直径仅为1米的卫星，人在地面上看它就如同看几千米之外的苍蝇，肉眼何以能见？

为此，1965年举行的651会议确定了在运载火箭的末级上加一个涂上反光材料的"观测裙"的方法。这样，星箭分离后，卫星在前、火箭在后，由于火箭末级穿着一条"亮裙子"，地面上的人就可以看到一个移动的小亮点，这就等于看到了卫星。

那么，如何做出"观测裙"呢？孙家栋带着这个问题亲自来到七机部八院，找到了对"回收伞"有研究的史日耀，直截了当地问："你能不能帮助搞出卫星的'观测裙'？"史日耀询问了该"观测裙"的用途后，重重地点了点头，很坚定地回答说："行！"

几经斟酌，史日耀和回收室的同事们便有了一种巧妙的设计："观测裙"很像是套在火箭末级上的救生圈，未上天时又轻又扁，呈折叠状，一旦上天就会利用末级火箭自旋时产生的离心力，使自身充气并展开为一个几十平方米的能反光的亮圈，像是给火箭穿了一条闪光的裙子，卫星由原来相当于七等星的亮度一下子跃升为二等星的亮度，地面上的人可以不费力地用肉眼看到它。

11个月后，"观测裙"在上海诞生，但其重量远远大于总体要求的允许值，其中弹簧占了很大比例，研制团队只好对弹簧进行修改。可是多次修改后，重量仍难以减轻。于是孙家栋采纳了

▲ 组装中的"东方红一号"卫星

一项大胆的建议：不再采用弹簧，而改用压缩气体弹射的方法。经过多次试验，"观测裙"不仅重量减了下来，还增加了可靠性。最后，"观测裙"终于圆满地达到了设计要求。

在一次模拟卫星自旋天线展开释放试验中，卫星出现了一节天线被折断甩出去的问题，试验没有成功。2次、3次、4次……一直做了10次仍然没有成功。经过反复思考并与技术人员探讨后，孙家栋提出天线释放和展开的运动形式是个复杂的运动合成，在地面做试验时要考虑重力的影响。天线组的人员进一步分析、试验后认识到，目前天线结构的设计不尽合理，与卫星自旋时依靠旋转和离心力使天线展开和释放的实际运动不一致。孙家栋统一了大家的意见后，修改了天线结构设计，重新进行了几次试验，均获成功。

在研制"东方红一号"卫星的过程中，一个又一个技术难关被孙家栋和他的同事们勇敢地攻克。

1970年4月24日，"东方红一号"卫星发射成功，准确入轨，《东方红》乐曲响彻寰宇。中国从此迈入太空时代，成为世界上第5个能够自主研制并发射卫星的国家。

> 链接   "东方红一号"

中国第一颗人造卫星。1970年4月24日，使用我国自行研制的"长征一号"运载火箭发射成功，从此我国成为继苏联、美国、法国和日本之后，世界上第5个能够独立研制和发射人造卫星的国家。

"东方红一号"卫星运行在近地点高度为439千米、远地点高度为2384千米、倾角为68.5度的轨道上，运行周期114分钟，设计寿命20天，实际工作28天。"东方红一号"卫星的质量，比上述4个国家第一颗卫星的质量总和还要大，其跟踪手段、信号传递方式、星上温度控制系统也都超过了上述4个国家第一颗卫星的水平。

世界前5个发射卫星的国家及其卫星情况比较

国家	卫星名称	发射时间	卫星质量（千克）	运行情况
苏联	斯普特尼克1号	1957.10.4	83.6	直径约58厘米，工作21天，在轨92天。1958年1月4日再入大气层焚毁
美国	探险者一号	1958.1.31	13.91	直径15厘米，工作4个月，在轨12年。1970年3月31日再入大气层焚毁
法国	试验卫星一号	1965.11.26	42	工作2天，至今在轨
日本	大隅号	1970.2.11	24	工作0.5天，在轨33年，2003年8月2日再入大气层焚毁
中国	东方红一号	1970.4.24	173	工作28天，至今在轨

9 功臣去哪儿了

孙家栋带领众多技术人员经过2年8个月的紧张研制,完成了"东方红一号"卫星的简化设计方案,卫星进入发射阶段。

1970年3月26日,在钱学森的率领下,载有"东方红一号"卫星、"长征一号"运载火箭与发射队员的专列,踏上了西行酒泉卫星发射中心的征程。

虽说孙家栋是研制"东方红一号"卫星的技术总负责人,是有功之臣,但是在卫星发射的关键时刻,他却不在执行发射任务的队伍里。

卫星发射成功后的第7天,便是这一年的"五一国际劳动节"。根据预报,节日当晚,"东方红一号"卫星将飞经北京上空,首都天安门广场举办大型联欢晚会。国防科委推荐以钱学森为首的25位研制卫星、火箭的功臣组成航天观礼团,登上天安门城楼,同国家领导人一起与首都各界群众共度佳节。遗憾的是,功臣名单里没有孙家栋。

⬆ "东方红一号"卫星

⬆ 人们为我国第一颗人造地球卫星发射成功欢呼

5月1日晚,在雄伟壮丽的天安门前美丽如画的广场上,数十万群众会聚一起,人们载歌载舞,纵情歌唱。钱学森等25名航天功臣登上天安门城楼,列队站在右侧的长廊上观看庆典。

几十年后,当有人问到孙家栋当年是什么心情时,他极其平静地说:"能有机会上天安门,并且能见到那么多中央领导,是一件非常荣耀的事。但不让我登天安门城楼合理啊,因为当年定的原则是去基地执行发射任务的人才有资格参加观礼,我没有执行发射任务,当然没有资格参加观礼。坦率地讲,那时候追求个人荣誉的念头似乎不是那么强烈,所以没有那么大的失落感。"

那么在发射"东方红一号"卫星的日子里,孙家栋去干什么了?

其实,他一刻也没闲着,一点也不轻松。他留在了北京的总指挥部,对前方报过来的情况进行分析与解释;指挥部里不懂技术的领导下达指令时需要懂技术的高级参谋帮助,孙家栋便成为领导不可或缺的高级参谋和高级顾问。

此后,他参加了试验队回京代表的汇报会,参加了卫星发射成功后《新闻公报》的撰写,当然也得到了去商店自由购物的难得机会。

"五一国际劳动节"是放假的日子,孙家栋终于放松了下来。

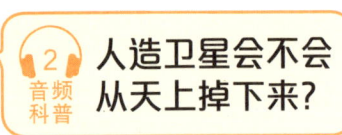

他乘坐公共汽车去了久违的前门大栅栏，正好看到商场门口许多人正排队购物，一打听原来是在热卖出口转内销的毛衣。那个年代商品紧俏，机会难得，他便排在抢购的队伍里，给夫人买了一件大红毛衣。孙家栋手里拿着毛衣，心里格外高兴，心想把这件毛衣送给夫人，算是对她多年来辛苦劳累的一点补偿吧。

10 深思熟虑建奇功

1970年5月，孙家栋主持了中国第二颗人造卫星——"实践一号"卫星的总体技术方案的制订。

我国第一颗人造卫星"东方红一号"发射成功后，仅仅过了10个月，"实践一号"卫星就发射成功了。这个速度不仅让外国同行感到震惊，就是中国人自己也感到不可思议。众所周知，20世纪六七十年代，我国的工业基础薄弱，科技水平较低，经济实力也不强，我国是怎样做到在如此短的时间里连续发射卫星的？

原来孙家栋他们早有打算。

其实"东方红一号"卫星与"实践一号"卫星无论是外形还是内部结构都有很多相同之处，比如，两者的壳体是一样的，两者的公用平台是一样的。也就是说，"实践一号"卫星并不是一颗重新设计的新星，它充分继承了"东方红一号"卫星的许多技术。

在研制"东方红一号"卫星的时候，孙家栋和他的同事就有了前瞻的想法，提前考虑了后续星的问题，比如，要同时生产几颗"东方红一号"卫星的问题。一般说来，1颗用于发射，2颗作为备份，造3颗卫星就足够了，但是作为管理者的孙家栋却提出了造5颗星的建议，并得到了上级的批准。这5颗星后来都派上了用场：1颗用作发射；1颗送给航天博物馆，供人参观；1颗送给上海，供科技展览馆使用；1颗留在卫星总装厂，作为科技产品样板；第5颗星则派上了更大的用场。

作为指挥员之一的孙家栋，早在进行艰苦的技术攻关时，就提出了一个令人深思的问题，"东方红一号"卫星的备份星能否改装成一颗新的卫星，另作他用？比如安装上原来因简化设计而拿掉的仪器和设备，增加探测项目；为长寿命卫星做些基础性的研究工作等。

⬇ 技术人员在装配"实践一号"卫星

⬆ 孙家栋向来宾介绍"实践一号"卫星

经过众人的充分讨论,大家一致认为完全有可能。这样,第 5 颗星被稍作改动,就成了"实践一号"卫星。当时生产 5 颗卫星,看似多用了材料,多花了本钱,实际却是省了材料,省了经费。这样做不仅实现了多种用途,还加快了后续卫星的研制进度与发射速度。

"实践一号"卫星是一颗自旋稳定卫星,重 221 千克,主体直径约 1 米,由结构、天线、跟踪、电源、遥测和热控 6 个系统以及空间科学探测仪器组成。它充分继承了"东方红一号"卫星的技术和经验,简化了卫星研制程序。它的外形,也是 72 面的棱球体。不同的是,卫星表面除了新安装的 28 块太阳能电池外,还

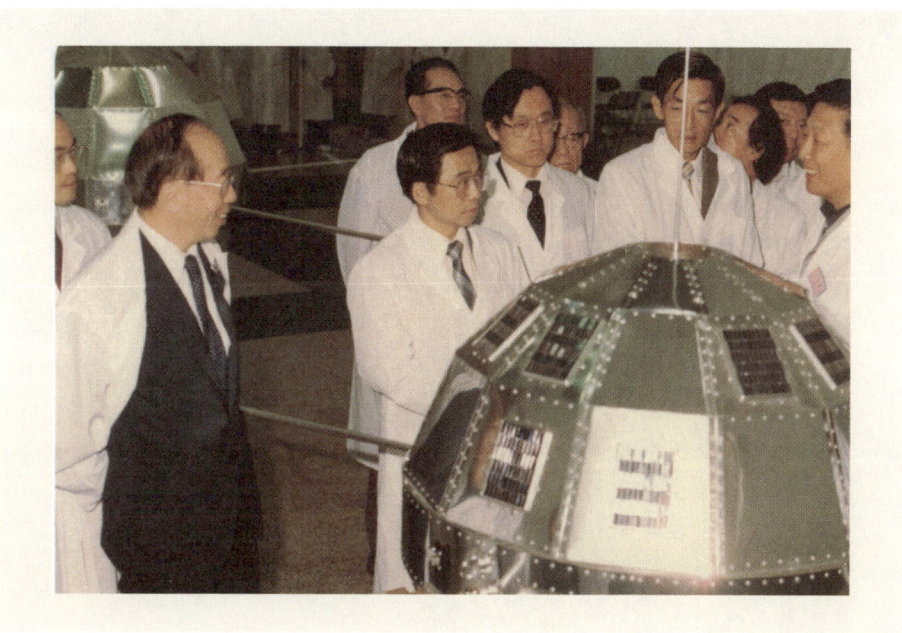

⬆ 孙家栋在"实践一号"卫星测试现场

多出了两片亮闪闪的镀金板。

新增加的镀金板后来被人们称作卫星的"金耳朵"。卫星发射前,许多领导前去参观时不约而同地问道:"这两只'金耳朵'是做什么用的?"

原来,这是孙家栋解决技术难题的又一个绝招。卫星研制出来以后,需要做各种地面试验。在对卫星的温控设计进行全面检验时,大家发现了问题:当模拟阳光照射卫星北极时,有一个附舱的低温值比设计要求低了15摄氏度,舱内的设备如果长期处于这个温度范围,其性能将会受到影响。但此时要对整星的温控设计进行更改已经来不及了。如果不解决这个问题,整个发射计划

> **链接** "实践一号"卫星
>
> 我国第一颗空间探测和技术实验卫星，于1971年3月3日用"长征一号"运载火箭发射成功。卫星进行了高空磁场、X射线、宇宙射线和外热流等空间物理环境参数的测量，还进行了太阳能电池供电系统、主动式无源热控制系统等长寿命卫星技术的试验。
>
> "实践一号"卫星是中国第一颗长寿命卫星。它在轨运行了8年，远远超过原定1年的设计寿命，为中国研制长寿命卫星提供了宝贵经验，尤其为卫星的电源、热控制和无线电测控系统的研制开辟了成功的道路。

就有可能功亏一篑。

在这个关键时刻，孙家栋别出心裁，他提出可以在卫星外壳的适当角度安装两片镀金板，黄金具有吸收热量多、挥发热量少的特性，这两只"金耳朵"可以将太阳的热量导入卫星内部，使卫星舱内升温，以达到设计要求。星上的温控难题迎刃而解。

"实践一号"卫星发射后，多项预研成果得到了验证和成功应用，使用太阳能电池与镉镍电池联合供电系统，突破了卫星长期供电的技术，成功实现了百叶窗机构的主动无源热控系统和低功耗的小型遥测系统，探测了空间磁场和空间带电粒子的空间分布，获得了我国地区上空及其附近区域内辐射带下边缘区域的位置和特征。

11 卫星归来举世惊

1965年4月,国家根据中国航天技术的总体规划,将返回式遥感卫星列入航天技术十年奋斗目标。1968年2月,孙家栋在主持研制"东方红一号"卫星的同时,担任了中国第一颗返回式遥感卫星的技术总负责人。

1974年11月5日11时,在一望无垠的茫茫戈壁上,完成了星箭对接的运载火箭矗立在发射台上,整装待发的第一颗返回式遥感卫星完成了各项检测,发射在即。随着口令的下达,各系统的地面电缆、电信号接插件、气源连接器纷纷按程序依次从火箭上脱落……然而,这时的卫星却没有收到成功转内电的信号。发射指挥台上的倒计时指示表上的时间正一秒钟一秒钟地递减,离火箭点火的时间只剩下几十秒钟!这个突发状况意味着,如果火箭点火,将会带着不能正常供电的卫星起飞升空,送入太空的将会是一个重达2吨的毫无用途的铁疙瘩。

就在这千钧一发的时刻,只听到卫星技术总负责人孙家栋一声大喊:"停止发射!"

发射程序中止,而孙家栋却由于神经高度紧张昏厥了过去。

如果按照正常程序,发布"停止发射"的命令需要一级一级申报批准,这并不是孙家栋的分内事。但当时情况紧急,已经来不及等待指挥员发布命令了。孙家栋深知他的职责所在——紧急关头必须敢于承担风险!

人们还没有从高度紧张中醒过神,清醒过来的孙家栋立即做了简单布置,要求立即检查卫星的数据记录,结果发现是外供电插头脱落引起星内电路的脉冲波峰,干扰了卫星转内电的信号。故障原因找到了,卫星和火箭又重新进入发射程序。

然而,天有不测风云。发射卫星的"长征二号"运载火箭仅飞了20多秒后就出现了失控现象,指挥员不得不发出火箭自毁的指令。顿时,卫星连同火箭在一声巨响中随着爆裂的火焰炸成碎片,散落在离发射台不远的地面上。

孙家栋从地下指挥室跑出来,看到这样的惨状,痛心不已:8年艰苦攻关、精心研制的返回式卫星,还没有到太空亮相就夭折了……发射队200多人在戈壁滩上寻找火箭、卫星残骸。3天里,大家掘地三尺,用筛子把混杂在石子、细沙中的零部件筛了出来,哪怕是一颗螺丝钉都没有放过。各分系统把属于自己系统的残骸认领回去,逐块认真检查。

当运载火箭系统的几位同志检查到一根导线时,他们怀疑导线里的铜丝断裂了,于是拿起那根导线对着亮光一照,果然发现导线的外皮虽然完好,里面的铜丝却是断开的。经过仿真实验,大家确定了这就是酿成这场大祸的"罪魁祸首"。

孙家栋鼓励大家不要灰心，振作起来，接受教训。他特别对卫星系统的同志们说，这次事故虽然是火箭系统的问题，但是卫星系统也要引以为戒，认真分析，找出带有共性的问题，确保产品质量。

他给大家讲了一个令他终生难忘的教训。那是20世纪60年代后期，一种新型导弹即将运往发射基地，按照惯例，产品出厂前要完成装配、测试工作。其中，惯性制导系统平台上的4个陀螺要精确地装好，再拆开，包装好运往发射基地。车间师傅跟孙家栋说，4个陀螺是同一批次生产的，第一个能装上，其他3个应该没问题，时间紧张，是不是可以不再装了？孙家栋觉得有一定道理，便同意了。可万万没想到在发射场装配时却出现了问题，陀螺怎么也装不上。

钱学森听了汇报后并没有批评孙家栋，而是出主意把陀螺仔细研磨后再试装。那种精密部件的研磨很费时间，钱学森来到现场也不说话，背着手走来走去。孙家栋和工人师傅从下午1点一直干到第二天凌晨4点才装好，钱学森就在现场一直陪着，大家几次劝他回去休息，但他就是不走。钱学森虽然没有讲任何批评的话，但那种无声的力量更让人震撼。从此，孙家栋凡事均不敢有丝毫的马虎。

在发射失败以后一年的时间里，各研究、生产单位上上下下进行质量意识教育，完善质量管理制度，重新生产"长征二号"运载火箭和返回式卫星。孙家栋经常到研究室和生产车间检查工作，严格要求每一个环节，确保产品质量。一年以后，火箭和卫

⬆ 总装中的返回式卫星

星再次竖立在发射台上。

　　发射在即,但卫星上安装的一个"炸药包"却成为孙家栋心中沉甸甸的大包袱。我国的返回式卫星返回时,会从北往南进入中国上空后落在四川。假如落下来的速度慢了一点,卫星便会继续往南飞,搞不好就出国境了。如果掉到海里还好办一点,要是落到其他国家,那麻烦事可就多了。所以当时有人提出在卫星上装个"炸药包"（卫星自毁系统），一旦发现轨道不正常，就下指令把返回舱在空中炸掉。这个意见被采纳了，"炸药包"也安置好了。可就在临近卫星发射的时候，忽然又有人提出：如果卫星没有出毛病，而且也落到了预定地区，谁敢保证在天上转了几圈的"炸药包"不会出毛病？如果一开盖，里头

> **链接** **返回式卫星**
>
> 在轨道上完成任务后，有部分结构会返回地面的人造卫星。它最基本的用途是照相侦察。比起航空照片，卫星照片的视野更广阔。早期由于技术所限，星上相机必须携带胶片拍摄照片，因此卫星要把拍摄好的胶片送回地面进行冲洗和分析。各航天大国都曾利用返回式卫星进行军事侦察和国土普查。现在由于可从卫星上直接传送影像数据到地面，返回式卫星就演变为回收实验品的空间试验室。

的"炸药包"爆了，那不就出大事了。这"炸药包"到底装还是不装？孙家栋作为卫星技术负责人，两头为难，压力极大。

那几天，他白天、晚上都在研究这个问题，精神上确实有点支撑不住，曾经在现场晕倒过好几次。经过反复权衡，孙家栋统一了大家的意见，认为卫星万一飞出国境，就属于外交处理的范畴；而如果卫星带着"炸药包"在空中运行那么长时间，返回落地的很多环节都有危险。前者的风险小于后者。最后，孙家栋毅然决定拆除"炸药包"。孙家栋回忆说："当操作人员小心翼翼地将'炸药包'从卫星上拆除后，我这颗悬着的心才算落了地。这件事情虽然花费了很多精力，经过了几次反复，但最终用权衡利弊的方法得出了明确结论，感到精力花得还是值得的。"

1975年11月26日，随着一声"点火"的口令，火箭呼啸而上，

⬆ 返回式卫星成功回收

直冲云霄,把卫星准确地送到预定轨道。3天后,卫星平安返回,带回了大量遥感数据。孙家栋在指挥室里听到卫星安全回收的报告后,和大家一起激动得欢呼跳跃。在指挥室坐镇的国防科委领导紧紧握着孙家栋的手,高兴地拥抱了他,并应孙家栋的建议即席赋词一首:"'长征'万里遣尖兵,巡行太空战鬼神。力争朝夕越艰险,获锦归来举世惊。"

 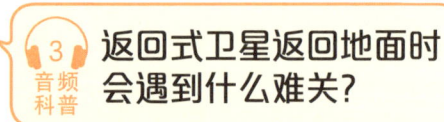

3 音频科普 返回式卫星返回地面时会遇到什么难关?

12　果断决策巧"降温"

1984年4月17日,当夜幕慢慢降临时,昆明市的许多市民早早地守候在电视机前。晚上7点,通过"东方红二号"试验通信卫星传回的信号,他们第一次收看了中央电视台播出的《新闻联播》,而在此之前,他们要等到7天后才能看到这档节目。与此同时,乌鲁木齐市的人们也在经历着同样的改变。

这是我国第一次利用自己的卫星进行远程通信,中国的通信卫星从此走上蓬勃发展的道路。

然而发射这一颗通信卫星,也让孙家栋经历了一次惊心动魄的考验。就在卫星发射成功的第二天,刚刚卸下重任的孙家栋,还没来得及美美地睡一觉,便又转乘专用飞机,马不停蹄地从西昌卫星发射中心紧急赶往西安卫星测控中心,查看卫星的轨道。

原来火箭把卫星送入预定高度后,卫星要依靠星上发动机慢慢向定点位置漂移,卫星定点和运行位置在距地球赤道上空36000千米的地球静止轨道上。

> **链接 地球静止轨道**
>
> 一条位于地球赤道上空 36000 千米处的正圆形轨道，轨道偏心率和轨道倾角均为零。卫星在这条轨道上绕地球一周的时间为 23 小时 56 分 4 秒，恰与地球自转一周的时间相等。因此从地面上看，卫星像挂在天上静止不动，地面接收站的天线可以固定对准卫星，昼夜不间断地进行通信。通信卫星、气象卫星一般采用这条轨道。

一切都在正常进行。正在大家高兴万分的时候，只见西安卫星测控中心荧光屏上的数据显示，卫星蓄电池出现了异常，星上温度不断升高。蓄电池是卫星的能源供应设备，它若失效，卫星就无法正常工作；它若爆炸，卫星就会与其一起炸毁。在正常情况下，蓄电池的温度应该保持在 20 摄氏度左右。此时，阳光正直射在卫星的太阳能电池板上，电流源源不断地给蓄电池充电，屏幕上的数据显示蓄电池的温度已经超过 20 摄氏度，并且升温的速度越来越快。这说明蓄电池此时可能处于热失控状态。

面对突然出现的状况，所有人都愣住了，眼见在不长的时间里蓄电池的温度超过了 30 摄氏度，向 40 摄氏度冲去，而且卫星的外壳和其他部分仪器的温度也偏高，如果控制不住，刚刚发射成功的卫星就会因"发高烧"而危在旦夕。医生接到发烧的病人，可以面对面地进行诊治，可是"发烧"的卫星，却远在赤道上空

36000千米高度的轨道上快速飞行。抢救,刻不容缓!

此时的孙家栋心力交瘁、疲惫不堪,但他全然不顾这些,立刻投入到对卫星故障的应急处置中。他迅速召集技术人员开会,鼓励大家群策群力,出主意想办法。总体部控制系统的负责人周宪文认为,可以通过改变卫星体位,减小太阳照射角度,角度变小可以减少光照,进入蓄电池的电量就会减少。

凭着对卫星及其飞行过程的分析,孙家栋初步判断卫星发热是由于卫星相对太阳姿态角的变化引起的。于是,他同意周宪文等人的意见,但是卫星体位调整到多少度合适呢?按照设计指标,最多只能调整到30度,可是经过计算,这还解决不了问题,角度还要加大。于是孙家栋叫来了卫星控制研究所工程组组长邹广瑞,指挥室里有了一场充满火药味的对话。

孙家栋问:"调整卫星体位超过30度行不行?"

邹广瑞答:"行!"

孙家栋问:"设计值不是30度吗?"

邹广瑞答:"指标是30度,可我们在设计时留有了余量。"

孙家栋问:"那可以做到多少度呢?"

邹广瑞答:"可以做到32度多一点。"

孙家栋问:"是你设计的?"

邹广瑞答:"不是,是我们所光学部件研究室设计的。他们做地面试验时,我就在现场。亲眼看到体位调整做到了32度多一点。"

孙家栋问:"体位调整超过30度,卫星要是出了问题,你敢负责吗?"

邹广瑞答:"敢负责,谁不相信,我可以签字画押!"

一个卫星控制研究所的小小工程组组长,说话如此坚决干脆,紧急关头敢于负责任。听到这里,孙家栋心里有了底,脸上露出了笑容。他对邹广瑞说:"有我在现场,怎么能让你签字画押呢?"

此时蓄电池的温度飞速上升,朝着50摄氏度奔去,再不采取措施,蓄电池就会爆炸!孙家栋当机立断,做出应急故障处置决定:对卫星进行大角度姿态调整,减小太阳能电池阵与太阳照射方向的夹角,减小充电电流,迫使蓄电池停止升温,逐渐降至正常温度。

在这种紧急情况下,办理各种审批手续已经来不及了。

⬇ "东方红二号"卫星在测试

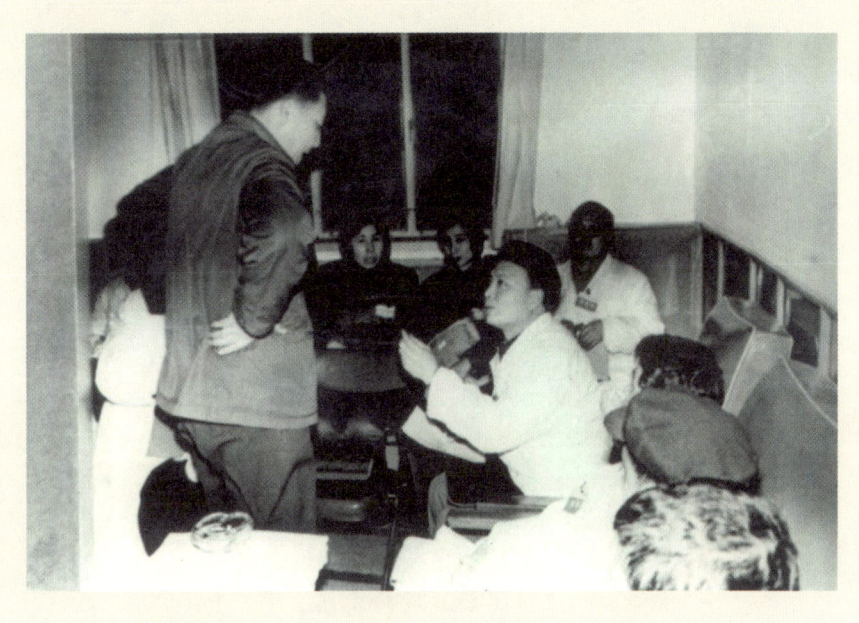

⬆ 1984年，孙家栋在"东方红二号"通信卫星故障处理的决策会议上

孙家栋对在太空中"发烧"卫星的应急处理决策在世界航天界实属少有。当卫星"退烧"之后，人们纷纷说，这真为我国通信卫星工程立了一大功！

此时，操作指挥员也感到压力巨大，尽管孙家栋的指令已经在录音设备中录了音，但毕竟没有经过指挥部会商签字。慎重起见，指挥现场的几个操作人员临时拿出一张白纸，在上面草草写下"可以调整卫星体位角度到32度"的字据，要孙家栋签名。孙家栋毅然拿起笔，在字据的下方重重地签下了"孙家栋"3个字。

067

> 链接　**"东方红二号"卫星**

我国第一颗试验通信卫星。卫星主体为直径2.1米的圆形筒体，顶面装有全球波束定向喇叭天线，外表贴有太阳能电池。卫星最大高度3.1米，质量为920千克，有2个C波段转发器。卫星于1984年4月8日用"长征三号"运载火箭发射成功，4月16日定点于东经125度36000千米的赤道上空。5月14日卫星通信试验结束，正式交付用户使用。

我国共研制了2颗"东方红二号"试验通信卫星（C波段转发器2个）和3颗"东方红二号"甲实用通信卫星（C波段转发器4个）。这是我国第一代通信卫星，转发器数量少，通信容量较低。

要知道这3个字的分量和风险，如同10年前发射卫星的情况一样，需要把个人的一切顾虑抛到脑后。在战争年代，这是"将生死置之度外"，在没有硝烟的卫星发射、测控现场，这是另一种不顾个人安危的大义凛然！

有了孙家栋的签字，西安卫星测控中心随即对卫星发出了应急指令：将星上所有功耗仪器设备全部打开，尽可能地消耗电能，调整卫星姿态，改变太阳辐射角，以减少太阳能电池对卫星的供电量，最大限度地增加镉镍电池的放电量。

执行了地面发去的指令后，卫星温度停止上升，并一点一点地回落，蓄电池热失控的现象被控制住了，卫星终于化险为夷。而此时的孙家栋已是精疲力竭了。1984年4月16日18时28分，卫星准确定点于东经125度赤道上空的地球静止轨道，中国拥有了自己的第一颗通信卫星。4月17日18时，卫星通信试验正式开始。当国家领导人通过卫星与远在乌鲁木齐的地方领导进行了清晰的电话通话后，孙家栋发自内心地松了一口气。

几千个日日夜夜的拼搏后，孙家栋总算流露出了由衷的笑容。

↑ 1984年4月，孙家栋（右二）在我国西安卫星测控中心与参加"东方红二号"卫星发射测控任务的部分人员合影

13 毅然请战造好星

国民经济的建设对通信技术水平有着很高的要求。尽管国产通信卫星"东方红二号"的通信用 C 波段转发器已经由 2 个增加至 4 个，承担了 30 路对外广播、中央电视台一套和二套节目及 8000 多部卫星电话的传输任务，使我国收看电视的人口覆盖率由 30% 增加到 83% 左右，但是比起当时具有二三十个转发器的国外先进卫星，其性能还是逊色不少。

20 世纪 80 年代中期，随着我国经济的飞速发展，国家对通信卫星更多、更高的需求也随之而来。一场是"买星"还是"造星"的争论，在国内沸沸扬扬地展开了。

原来，我国电子元器件的研制生产底子薄、基础差，严重制约了国产通信卫星的发展速度。我国自 1984 年以来发射的"东方红二号"和"东方红二号"甲通信卫星，转发器少，性能落后，均面临退役状况，而国产新一代通信卫星尚未开始研制，卫星资源眼看"断顿"了。

"国内求星若渴,只有接远水以解近渴。"主张"买星"的人说。

我国空间技术的抓总单位——中国空间技术研究院却认为"空间资源断不能没有中国的位置",必须自己"造星"。

就在"买星"与"造星"双方争论不休的时候,国内有关部门的人已经出国考察,并向美国、德国、法国公司招标,准备购买国外卫星。

1985年7月,在时任中国空间技术研究院院长孙家栋的主持下,研究院向国家呈报了以《我国已具备以我为主研制发射广播卫星的能力》为题的"请战书",强烈恳请不要购买国外卫星,否则将丧失我国空间技术发展的时机。

1985年10月5日,国家科委在航天部召开了关于我国通信卫星发展的讨论会。孙家栋在汇报中旗帜鲜明地表示,我国已经造出"东方红二号"通信卫星,建立了一支具有相当水平的研制队伍,积累了经验,一定能造出性能更先进的通信广播卫星。

部分应用单位的代表则持怀疑态度:新型通信卫星技术复杂,不可能很快造出来,我们不能坐等……

双方唇枪舌剑,各持己见。

会后,几乎在同一时间,有关部门关于购买国外卫星的报告与航天部关于我国自行研制和发射新一代通信卫星的报告都送到了国务院。

1986年3月,国务院召开了国家电子振兴领导小组会议,同意依靠自己的力量,研制新一代通信广播卫星"东方红三号"。3月31日,国务院正式下发文件,批准卫星通信工程立项,代号

◀ 1986年5月,孙家栋担任"东方红三号"、"风云二号"、"中巴合作第一颗地球资源卫星"总设计师

331工程。

5月,已经调任航天部副部长的孙家栋,扛起了"东方红三号"总设计师的重任。在整个卫星的技术指挥、技术决策和技术协调方面,他负责总体方案论证工作,审定总体指标、总体方案和技术途径。

在制订卫星研制方案阶段,科技人员大胆提出,卫星携带24个C波段通信转发器,采用公用舱技术、全三轴稳定姿态控制和液体双组元统一推进系统等当时国际上先进的通信卫星技术。这就是说,要用8年时间,使当时仅相当于国际上20世纪60年代水平的"东方红二号",一步跨入80年代的水平。孙家栋坚决支持这一方案:只有跨越式发展,才能迎头赶上世界先进水平。

这是怎样的一场战斗啊!一颗"东方红三号"的容量,相当于12颗"东方红二号",这意味着要用8年时间,走完欧美一些空间大国走了几十年的路。卫星7大系统中,需要解决的技术难

⬆ 孙家栋（第二排左一）与同事讨论卫星数据

　　在一个个不眠之夜里，孙家栋带领着这支特别能攻关的队伍，反复研究设计方案，仅图纸就画了几万张，渴了喝口白开水，饿了就掏出自带的干粮啃几口，困了就倒在长条凳上打个盹儿。经过一次又一次论证和试验，难关终于被突破。

点有上百个，难啃的"硬骨头"课题就有 11 项，如果把卫星总体设计部下发到各分系统的任务书摞在一起，就是一堵 2 米多高的书墙……

　　以前我国发射的"东方红二号"通信卫星，采用的是自旋式的控制方式，卫星的太阳能电池片镶嵌在卫星的表面，而"东方红三号"有 2 个太阳能电池帆板，翼展达 18 米多。在太空真空环境中，柔软的帆板、晃动的液体燃料给姿态控制增加了难度，而如果姿态控制不好，帆板就不能对日定向，卫星能源就要"断炊"。同时，姿态不稳就保证不了天线波束对准我国国土，这无疑是一个全新的问题。孙家栋和大家商量,决定采用国际上20世纪80年代才出现的卫星全三轴稳定姿态控制技术。

卫星承力筒是承载卫星有效载荷的装置,由于卫星内部的设备都固定在承力筒上,因此,承力筒的材料不仅要质量轻,质地还要十分坚硬。为了减轻卫星承力筒的重量,以增加卫星的有效载荷,研究人员决定使用碳纤维材料。碳纤维是当时国际上一种新兴的材料,其加工技术不要说在国内没有先例,即使是在国外,也只有美、德等少数几个国家掌握。

卫星总装厂的车间里打响了填补中国碳纤维材料加工技术空白的战斗。工人师傅连续奋战了3个月,仅图纸就绘制了1100张。失败了,总结经验再干;再不行,推倒重来。经历了多少失败,

⬇ 孙家栋(前排右二)在卫星接插件试验现场解决问题

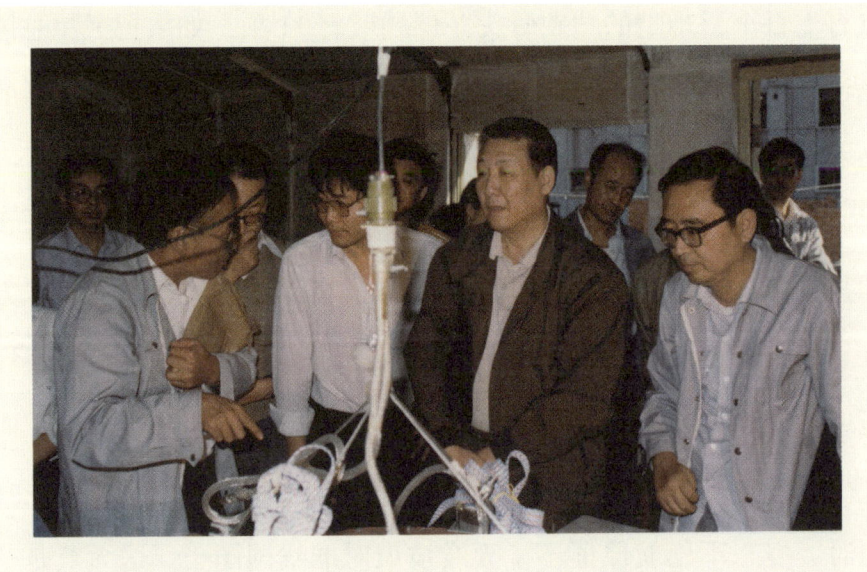

流下了多少汗水，连他们自己都说不清楚。仅报废的模具就装满了一车皮。经过了100多个日日夜夜，终于取得初战的胜利。

1994年11月30日，"东方红三号"首发星终于升上了太空，然而，由于推进系统燃料泄漏、推力下降，卫星无法定点，耗费了8年心血的卫星，化作了一颗"流星"。

作为卫星总设计师，孙家栋没有责备下属，只叮嘱研究院领导：可靠性强、高质量的成果必须用严格管理和科学态度来保证。

很快，科技人员擦干了眼泪，一场长达2年的质量攻坚战拉开了序幕。在总结卫星发射失利原因的基础上，他们每向前走一步，都要以多次模拟试验为依据。每一个分系统的部件，都要进行千百次试验。

在卫星出厂前的振动试验中，一组误码出现在显示器屏幕上。到底是应答机有问题还是电缆有问题？科技人员很是费了一番脑筋。他们把应答机各种数据测了一遍又一遍，把电缆按各种姿态进行固定、放松、测试，就这样折腾了几十次，终于判明故障是由于电缆太松造成的。这一问题的发现，为保证卫星天地之间的沟通扫清了障碍。

1997年5月12日，威力巨大的"长征三号"甲火箭托举着"东方红三号"02星升空了。不久，遥测站传来喜讯：卫星入轨，太阳能电池帆板展开。此时，大厅里传来阵阵掌声，为这项工程整整"跋涉"了10年的孙家栋和大家一起热烈拥抱、激动万分。

"东方红三号"卫星不仅实现了我国通信卫星研制技术的新跨越，也为中国航天提供了一个可靠的通信卫星公用平台。所谓

> **链接** "东方红三号"卫星

我国20世纪80年代研制的新一代地球静止轨道通信卫星，由通信、结构、电源、姿态、轨道控制、推进、热控和测控等7个分系统组成，载有24个C波段通信转发器，卫星工作寿命8年。

卫星设计瞄准了当时的国际先进水平，但在历时10年的研制中，世界航天技术又有了迅猛的发展，这颗原来被称为"大容量"的通信卫星已变成了"中容量"卫星。尽管在通信频段和转发器数量上与先进国家的卫星存在着一定的差距，但就卫星的分系统方案、单项性能和单项技术方面，"东方红三号"卫星已取得了突破性的技术成果。卫星上所采用的许多先进技术和主要成果为我国今后研制更先进、更大容量的"东方红四号""东方红五号"通信卫星奠定了技术基础，使我国的通信卫星水平与世界的差距一步一步缩小。

"东方红三号"卫星于1998年初正式开始商业服务，主要用于电话、传真、数据传输、VSAT网、电视等业务，为我国的经济活动、文化教育、外交活动、政治活动和人民生活等各方面提供了重要的服务，有着显著的社会效益。

卫星公用平台，类似于各种类型的汽车底盘，汽车用户可以根据自己的需求对汽车厢体、功能进行改装，而具有通用功能的底盘则无须进行大的改动。卫星公用平台的作用亦如此，用户根据自己的需要在平台上装载通信、遥感等不同的设备和仪器，卫星即

⬆ "东方红三号"通信卫星

可以很快发射。平台的批量化工业生产，有利于提高质量、节省经费，大大缩短卫星的研制周期。近两年才如雨后春笋般兴起的共享平台、共享经济，孙家栋等人早在30年前就在卫星上做到了。

利用这个平台，我国已经研制发射了30多颗通信卫星，"北斗"导航卫星、"嫦娥一号"和"嫦娥二号"月球探测卫星等都是在"东方红三号"卫星公用平台的基础上创新研制开发的。"东方红三号"卫星平台，已经成为我国一个性能稳定、可以服务多种用途卫星的卫星平台。许多专家说，没有当初孙家栋等人力争自己造通信卫星，就不可能有今天的大好局面。

14 谈判桌上定乾坤

1985年10月，中国向世界宣布：中国的运载火箭投入国际市场，承揽外国卫星发射业务。这一年，孙家栋由航天工业部总工程师升任为副部长，他的思维重点开始转向对外发射服务，以及国际航天科技合作与交流。

发射外国卫星遇到了许多从未遇到甚至从未想过的问题。时值计划经济向市场经济转变的过渡期，航天系统又是一个高度保密的地方，能打开大门，让外国人看自家的火箭、发射场吗？要发射国外的卫星，对国际标准、谈判内容、商业秘密、发射保险等都不了解怎么办？国际商业发射市场的水究竟有多深？在两眼一抹黑的情况下，想挤进国际高科技市场，困难之多是不言而喻的。

技术上的困难也不少。发射外国卫星涉及火箭和卫星的技术协调问题，然而在没有获得卫星制造国的许可证前，卫星制造国是不允许双方技术人员坐在一起讨论技术问题的。

再说地面设备，卫星发射中心要具备能够起降大型飞机的机场，要配备恒温恒湿、具有超洁净度的卫星测试厂房及发射塔架特殊工作区，还要向外国卫星提供多种与国际接轨的特殊支持设备。

此外，还要按商业卫星发射的规则向国际航天保险界购买保险，发射时要进行电视实况转播。不仅如此，在中国技术人员眼里不算问题的宿舍，也必须按西方人的星级宾馆标准建设和配备，在西方人眼里，对生活设施的要求甚至高于对工作环境的要求。

每项具体工作都需要逐条逐项地加以落实，每个项目都需要动用大笔资金。于是，矛盾出现了——设施、设备的条件不匹配，不要说拿到合同，就连与国外洽谈卫星发射服务的资格都没有。但如果耗用巨资将设施建起来，将设备造出来安装好，谁敢保证一定能将外国卫星的发射任务承揽到手。

建设还是不建设？花钱还是不花钱？下这样的决心是要承担很大风险的，孙家栋又一次站在了风口浪尖上。

在研究发射外国卫星工作的一次专题会议上，面对种种畏难情绪，孙家栋站了出来，他慷慨激昂地发表了自己的见解："既然我们的发射水平已具备了对外承揽卫星发射服务的能力，既然我国政府已经庄严地向国际社会作了宣布，那我们就应该横下一条心，坚定不移地把对外开放的步子迈出去！我们要对自己的能力和水平有信心，敢于承担风险，敢于承担责任，敢于下这个决心。我们应当继承发扬当年搞'两弹一星'的那股子攻克难关的劲头，把各项工作做好。至于说我们投入了大量资金而承揽不到卫星怎么办？我想，只要你的东西比别人的好，你的条件比别人的优越，

◀ 专题会议上，孙家栋坚决支持我国对外承揽卫星发射服务

在同等情况下，你的价钱又比别人的便宜，应该没有理由出现这个问题。事在人为，我就不信这个邪！"

进入国际发射服务市场困难重重，即便是欧洲的一些发达国家，他们的火箭进入国际市场也用了整整8年的准备时间。

孙家栋心里想："难道我们也要再花上8年时间？现实不允许这样做！只能在借鉴外国经验教训的基础上，尽快走出具有中国特色的道路！"

作为一种新型的商业关系，卖方必须满足买方的条件和要求，否则，得不到用户的认可，他怎么可能带着卫星到我们的国土上来呢？他怎么会轻而易举地把巨款拍到我们的手心呢？

孙家栋与同事群策群力，适时制订出适应新形势、新要求的计划和可行方案。

▶ 孙家栋访问美国国会空间委员会

2年后，一整套与发射外国卫星相适应的制度建立起来，技术队伍和管理队伍也建立起来，火箭的适应性改造已经完成，新建的卫星厂房醒目地矗立在发射场，满足国际标准的发射塔架也已改造完毕。

机遇喜欢光顾有准备的人。从1986年1月28日到1986年5月31日，在这100多天的时间里，欧美国家接二连三地发生了重大航天事故，一时扰乱了正常的航天发射市场。由于没有值得信赖的运载火箭，许多国家已经订购了的卫星无法发射，这就给中国火箭走向国际市场提供了千载难逢的机会。

1988年，一家公司购买了美制卫星"亚洲一号"，准备使用中国的火箭作为运载工具。

但是美国政府对高技术的管制非常严格,他们提出卫星属于高技术产品,对卫星出口要按军品管理的办法对待,卫星出境必须得到美国国务院、国防部及武器出口控制委员会的批准。争取"许可证"的使命便落到了孙家栋的肩上,他这个造卫星的专家,不畏艰难又担当起了"生意人"的角色。

▼ 1988年10月21日,孙家栋(右)与美国助理国务卿迈考里斯特举行政府间会谈,并签署中美商业发射合作协议

美方的职业谈判老手迈考里斯特深深惊讶于孙家栋的谈判艺术,他对这位航天科学家所表现出的政治、外交、科学才能发出由衷的赞叹。

很快，孙家栋与有关领导点将，组成了卫星发射服务谈判小组，向有关国家，特别是向美国这个卫星制造大国阐明中国的立场，宣传中方的发射水平和各种保障能力。

美方最担心的问题有两个，一是中方的发射价格低，会抢占他们的市场份额；二是卫星技术秘密被泄露。针对这两个问题，孙家栋带领谈判小组不卑不亢，一一给予解惑。

谈判中，孙家栋面带笑容，掷地有声地说道："中国发射外国卫星，不谋求美国卫星的技术秘密，贵国卫星到达中国卫星发射中心后，由你们的卫星制造商自己监护，因此技术安全完全可以得到保证；中国现今的火箭生产能力和发射能力很有限，只是对市场的一点补充，不可能对欧洲和美国的发射服务商构成威胁。"

孙家栋稳重中带着自信，每一句话、每一个重点问题都拿捏得极有分寸。原则问题，他坚持到底不让步；其他问题，他动之以情，晓之以理。

通过艰难的谈判和多方努力，美方的立场开始松动，1988年9月，美国终于签署了批准美国制造的卫星由中国火箭发射的文件。

1990年4月7日，中国的"长征三号"运载火箭一举成功发射美制卫星"亚洲一号"！

此时，大家终于看到了孙家栋的开怀大笑。

1990年3月,"长征三号"火箭与"亚洲一号"卫星进行对接测试

1990年4月7日,"长征三号"火箭成功发射"亚洲一号"卫星

深空探测不仅是实现强国梦的需要,也是人类探索宇宙奥秘、开发空间资源的需要。探月是人类深空探测的起点。

15 护驾"嫦娥"赴月宫

月球是距地球最近的天体,千百年来,中国人对月球的探测一直停留在"举头望明月"的兴叹中。

孙家栋清楚,发达国家的空间探索活动有三部曲:发射人造地球卫星,开展载人航天工程,以及进行深空探测。前两项我国都在进行中,但在深空探测方面一直是空白。填补这个空白,不仅是实现强国梦的需要,也是人类探索宇宙奥秘、开发空间资源的需要。为了中华民族的千年探月梦,他要去做!

我国一批专家、学者早在20世纪六七十年代就在跟踪国外探月发展动向,并把探月作为深空探测的起点进行论证。但是,我国当时还难以提出一个完整的探月规划,同时缺乏长期、有深度的科学探测目标,并且国家的经济情况刚刚好转,航天技术基础还不扎实,因此,探月计划一直未能启动。

当历史的车轮驶入2000年新世纪的时候,国防科工委的副主任栾恩杰开始频繁地与孙家栋会面,他非常了解孙家栋这位航天

⬆ 参加探月讨论的孙家栋

孙家栋多次参加了有关探月的研究讨论，他认为，随着国家实力的积累，我国已经掌握了卫星技术、运载火箭技术、测控网技术和发射技术，并且拥有一支实力雄厚的空间技术和空间科学研究队伍。根据当时对月球探测、月球科学跟踪研究的储备以及我国所具备的能力来看，开展探月的条件业已成熟。深空探测是当今世界科技发展的前沿领域，具有很强的基础性、前瞻性、创新性和带动性，将探月作为深空探测的起点是正确的选择。通过月球探测，人类可以进一步了解地球的起源与演变、行星和太阳系的形成与演化、地球未来如何变化等一系列问题，同时也能为开发和利用月球资源做好准备。

总体大师的高超谋略、敏捷思维、丰富经验、对中国航天的钟情、在航天界的影响力以及人格魅力。这两位在业内极具影响力的"老航天"满怀神圣的使命感，在一起谋划着中国航天发展的战略思路。他们认为，按照国家当前的技术水平和经济实力，完全可以开展对月球研究探测的工程，如果能够正确把握需求牵引关系，就可以着手考虑工程实施方面的大思路了。孙家栋与栾恩杰一拍即合，他们又把几十年来对月球资源应用有着极大兴趣的中国科学院院士欧阳自远找来，一起谋划探月工程实施的事情。

搞了一辈子航天工程的孙家栋根据自己多次担任大型航天工程总设计师的经验，提出在立项之前必须明确工程目的、实现途径、需求牵引、技术经济可行性、远期目标的连续性等原则问题。孙家栋提出，工程起步要先立足于满足工程的基本条件，在基本条件的基础上由简到繁，分步实现工程应用的发展目标。

按照他的几轮描绘，庞大繁杂的头绪即刻向清晰的思路收敛，孙家栋的想法立即得到了栾恩杰和欧阳自远的赞同。2001年到2002年间，孙家栋受国防科工委委托，召集了全国航天工程技术人员和月球科学家的精英骨干，对探月一期工程——绕月探测进行了为期2年的综合论证。月球探测是一项非常复杂的系统工程，只有完成科学的综合论证，明确如何在现有的技术水平和有限的经费条件下，小步快跑、分步实施，才能使探月的科学目标通过可以实施的工程变成现实。

这项论证是整个工程的关键，它不仅包括工程的总体方案和5大系统的确定，还包括各大分系统之间的协调与组织。在综合论

◀ 孙家栋论证探月工程时信心十足

证中，不但要决定使用哪种运载火箭、卫星平台，选取怎样的奔月轨道，还要解决怎样实现38万千米距离的精确测控等各种工程技术和理论问题。孙家栋结合中国航天技术的实力，集思广益，把众多的复杂问题像剥笋一样，层层剥开，然后去掉细枝末节，详细分析，直到抓住真正的技术核心问题并提出可行的技术思路。

论证中，最令人担心的是我国的深空测控能力不足。以前，我国航天器飞行的最远距离是距地球7万千米，我国的航天测控这只"手"最远也只能抓到这么远，那么如何利用现有的设施追踪上38万千米外的月球探测器，便成了最大的难题。

经过2年多的努力，孙家栋带领一批专家踏遍千山万水，无数次地分析数据，克服了重重困难，最终落实了技术方案：利用现有的航天测控网,再加上由中国科学院北京、上海、昆明天文台组成的天文观测网——甚长基线干涉测量系统,就可以完成对月球探测器的测控任务。

⬆ 孙家栋调研月球与深空探测网的天线

> **链接** **探月工程5大系统**
>
> 5大系统分别是：月球探测器系统，主要任务是研制"嫦娥一号"至"嫦娥五号"探测器；运载火箭系统，提供"长征三号"甲、乙、丙运载火箭和"长征五号"运载火箭；发射场系统，保障西昌和海南发射场发射上述火箭；测控系统，负责地月间的遥测、遥控和通信；地面应用系统，负责月球探测资料的研究和应用。

深入的综合论证还表明，发射绕月探测器完全可以采用我国现有的火箭和卫星平台，从而用最成熟的技术、最可靠的性能和最低的成本来发射中国首枚月球探测器。运载火箭将利用"长征三号"甲火箭现有的成熟技术加以适应性修改，以满足绕月飞行的条件；绕月探测器将使用"东方红三号"卫星平台，并安装探月专用仪器；发射场选在中国3大发射场之一的西昌卫星发射中心；测控任务则由航天测控网和天文观测网联合承担。

由孙家栋领衔的综合论证最后得出结论：科学目标明确、先进，没有颠覆性的技术难题，整体工程由月球探测器、运载火箭、发射场、测控、地面应用5大系统组成。他们提交的8份论证报告为国家的最后决策提供了科学依据。

16 老骥披挂再上阵

2004年1月23日，农历大年初二，国务院正式批准我国探月工程一期——绕月探测工程立项，并将探月工程命名为"嫦娥工程"，这是继载人航天工程后，我国又一举世瞩目的国家重大科技工程。

孙家栋又一次接受了新的挑战，挑起了新的重任。作为总设计师，孙家栋始终站在工程总体的高度统领各个系统，他坚持一项原则，即工程要根据国情国力，贯彻"有所为、有所不为"的方针：选择有限目标，突出重点，集中力量，在关键领域取得突破；循序渐进，持续发展，为深空探测活动奠定坚实的基础。

工程实施伊始，孙家栋就抓住主要矛盾，丝毫不敢松懈。以往我国发射的航天器，全部是在地球引力场作用下环绕地球运动的航天器，完成对地遥感、通信、数据传输、载人飞行等任务。要实现探月，则必须使航天器进入38万千米远的月球引力场。由于月球与地球、太阳的运动关系，发射探月卫星必须考虑一个复

⬆ 中国探月标识

⬆ "嫦娥一号"卫星发射前,孙家栋(中)与栾恩杰(左)、欧阳自远(右)在发射塔架前合影

2004年1月24日,国内各大报纸都以醒目的标题发出消息:"嫦娥工程"领军人物确定。

工程领导小组组长:国防科工委主任张云川;

工程总指挥:国防科工委副主任、国家航天局局长栾恩杰;

工程总设计师:中国航天科技集团公司高级技术顾问、中国科学院院士孙家栋;

工程应用科学首席科学家:中国科学院院士欧阳自远。

工程"三巨头"里面,年岁最高、任务最重的人是孙家栋,此时他已经75岁了。

至于"三巨头"的作用,形象地说:总指挥,管的是绕月工程要做什么;总设计师,管的是怎么做;而首席科学家,管的是为什么要做。

杂的三体定位问题,这与发射一般的地球卫星有很大的不同。有一段时间,孙家栋的脑子里经常反复思考着这样的问题:卫星在地球上发射的那一刻,月球在太空的什么位置?地球与月球都在不停地公转和自转,地球在什么季节与月球的距离最近?何时发射最有利于测量和控制?

孙家栋多年来养成了一个习惯,脑子里只要装上问题,就会觉得茶无味、饭不香,他会沉默寡言,日思夜想。好几次,有时是半夜,有时是凌晨,孙家栋的夫人醒来发现他不见了,房间也没有一丝动静,吓得她大喊。孙家栋却很沉稳地说:"你睡你的觉,不要大惊小怪。"原来,孙家栋夜里醒来看到天上挂着一轮明月,便不由自主地走到凉台上,一边看着月亮在天上慢慢移动,一边在心里默默琢磨着工程总体的一些技术方案。有时他在窗前一站就是几个小时。

月球探测是中国第一次向深空探测领域的迈进,是第一次对地球以外的星体进行近距离探测,一期工程面临着一系列新的关键技术和难点,比如轨道设计与飞行程序控制、远距离跟踪测量与地面操作控制的实现等。孙家栋作为探月工程5大系统的总设计师,考虑最多的问题自然是工程目标的实现、关键技术的解决途径和大系统的配套协调。

在论证探月工程方案时,有些技术人员希望更多地采用新技术。为此,在制订"嫦娥一号"卫星技术方案的会议上,作为总设计师的孙家栋非常果断地说出了自己的观点。他认为,"嫦娥一号"如同其他人造卫星一样,也是由卫星平台与有效载荷两部

⬆ 孙家栋的办公桌上放着一个大大的月球仪

分组成。在满足技术指标要求的前提下，尽量采用成熟技术，不仅可以提高可靠性，减少资金投入，而且可以缩短研制周期。然而，一项新的航天工程，必然是国家最高新技术的集合和应用，既要采用大量最先进的技术，又要研制大量新设备，自然会遇到从来没有遇到过的新问题。因此，需要将成熟技术与新技术交叉使用，最大限度地保证可靠性，保证工程目标的实现，保证为后续任务的发展奠定尽可能多的理论与实践基础。孙家栋强调自己是在"抛砖引玉"，他提的建议只是供大家制订方案时参考，但大家最终一致同意了这个观点。

对使用哪种型号的火箭发射"嫦娥一号"卫星，科技人员也有不同的看法。孙家栋边分析边和大家讨论：一项系统工程，并不是说技术最先进、性能最优、功能最强就是最好,关键是要看系统间的协调和匹配,总体最优才是最好,要"发挥系统集成优势"。"长征三号"甲运载火箭被称为"金牌火箭",稳定性强、可靠性高,推力不是最大但够用。而且还要考虑一个因素——"嫦娥一号"卫星是以"东方红三号"卫星平台为基础研制的,在许多方面都与"东方红三号"卫星有着共同之处。在"嫦娥一号"发射前,"长征三号"甲火箭已经发射"东方红三号"卫星15次了,每次发射都获得圆满成功。

最后,孙家栋拍板用"长征三号"甲火箭发射"嫦娥一号"卫星,大家心服口服。

链接 "长征三号"甲运载火箭

大型三级液体推进剂火箭,是我国高轨道运载火箭的基本型,其同步转移轨道的运载能力为2.65吨。由于拥有更灵活先进的控制系统,火箭可以在星箭分离前对有效载荷进行大姿态调姿定向,并提供可调整的卫星起旋速率,因而具有很强的适应性。"长征三号"甲火箭还派生了分别捆绑2个和4个助推器的"长征三号"丙和"长征三号"乙火箭,运载能力分别达到3.8吨和5.5吨,组成了"长征三号"甲系列火箭,它们承担了中国航天现时期所有高轨道发射任务,火箭的技术性能、发射频率、年发射量及其高达98%的发射成功率都处于世界领先水平。

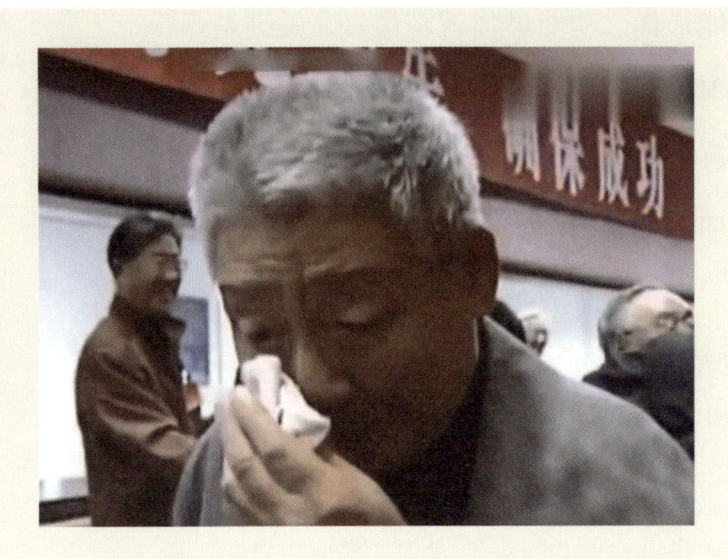

⬆ 孙家栋落泪了

2007年10月24日,"嫦娥一号"发射成功后,在众人纵情欢呼时,孙家栋却背过身悄悄抹去了一把眼泪。他说:"像我们这个岁数的人啊,多少还赶上了点旧社会的尾巴,那时候小,听大人们说话,抽的烟叫洋烟,火柴叫洋火,上海的人力车叫洋车,所有的都带'洋'字。'嫦娥一号'成功了,我当时突然就想到旧社会洋车、洋火的时代,感情一下就上来了,我想,老人们讲的这个'洋'那个'洋'的时代,终于过去了。"

卫星测控任务异常繁重,孙家栋亲自操刀谋篇布局,促成我国现有的航天测控网和甚长基线干涉天文测量网联合工作,通过适应性改造,携手共同完成探月工程各个轨道段的遥测、遥控及测轨任务。在他的指挥下,"嫦娥一号"绕月卫星的测控任务分几段完成:发射段,使用成熟的航天测控方案;入轨后,以航天测控网为主,甚长基线干涉天文测量网辅助测量、提高精度,两网相互支撑,实现卫星调相轨道、地月转移轨道和绕月轨道的测控。

作为工程技术的统帅,孙家栋领导5大系统的科研人员攻克了无数技术难关。

2007年,我国迎来了首颗探月卫星"嫦娥一号"发射升空的关键时刻。孙家栋马不停蹄地从一个城市飞往另一个城市协调工作,年近80岁的他10次进入发射场,在发射场指导了5次卫星发射任务,主持参加了近百个与航天有关的重要会议。

在"嫦娥一号"运行的关键节点,孙家栋通宵达旦坚守在指挥控制大厅里,和大家一起值守。2007年11月7日,"嫦娥一号"经过10多天的奔跑,准确进入环月工作轨道。

2010年10月1日至2012年12月15日,"嫦娥二号"从成功发射到完成拓展试验,完美收官。2013年12月14日,"嫦娥三号"成功落月,到2016年8月4日正式退役,完成了"观天、看地、测月"的科学探测和其他预定任务。2019年1月3日,"嫦娥四号"成功实现人类首次月球背面软着陆,开启了全新的月球背面探索之旅。

2020年11月24日,"嫦娥五号"发射,12月24日带回1731克月球土特产。

这一刻,举世瞩目。为了这一刻,孙家栋和中国探月工程团队整整奋斗了16年!

"嫦娥五号"怎样带回月球土特产?

↑ "嫦娥五号"返回器安全着陆

17 谋篇环球布"北斗"

2020年7月31日上午,"北斗三号"全球卫星导航系统建成开通仪式在人民大会堂举行。91岁高龄的孙家栋,坐着轮椅来到了会场。国家领导人宣布"北斗三号"全球卫星导航系统正式开通!

"北斗"系统是国家重大科技工程,自1994年启动,2000年完成"北斗一号"系统建设,2012年完成"北斗二号"系统建设。"北斗三号"全球卫星导航系统全面建成并开通服务,标志着工程"三步走"发展战略取得决战决胜,我国成为世界上第3个独立拥有全球卫星导航系统的国家。目前,全球已有120余个国家和地区使用了"北斗"系统。26年来,在迎难而上、敢打硬仗的"北斗"队伍中,有一位老将,他就是孙家栋。

自古以来,人们就对天穹上一组像勺子一样的星星感兴趣,因为通过勺口的两颗星连线,朝勺口方向延长5倍,便可以找到一颗明亮的星,那就是在黑夜里帮助人们辨别方向的指路明星——北极星。

勺子星大名叫"北斗"七星，由大熊座的7颗恒星组成，很容易辨认。它们在北天排列如斗杓，故称"北斗"。

"北斗"导航古已有之，现代社会还需要导航吗？

实践证明，世界科技发展到今天，在信息化和智能化到来的时代，所有的信息都需要置于时间和空间这样非常重要的坐标系统中。人们在日常生活和国民经济建设当中，总需要不断地问"在哪里""什么时间"两个问题，人类90%以上的信息都与时间、空间相关。卫星导航技术的作用就是给人类提供时间坐标和空间坐标。时空信息已经在不经意间渗透到人类生产生活的各个领域。就像停水停电会影响城市生活一样，卫星导航服务一旦失效，国

▼ "北斗"导航示意图

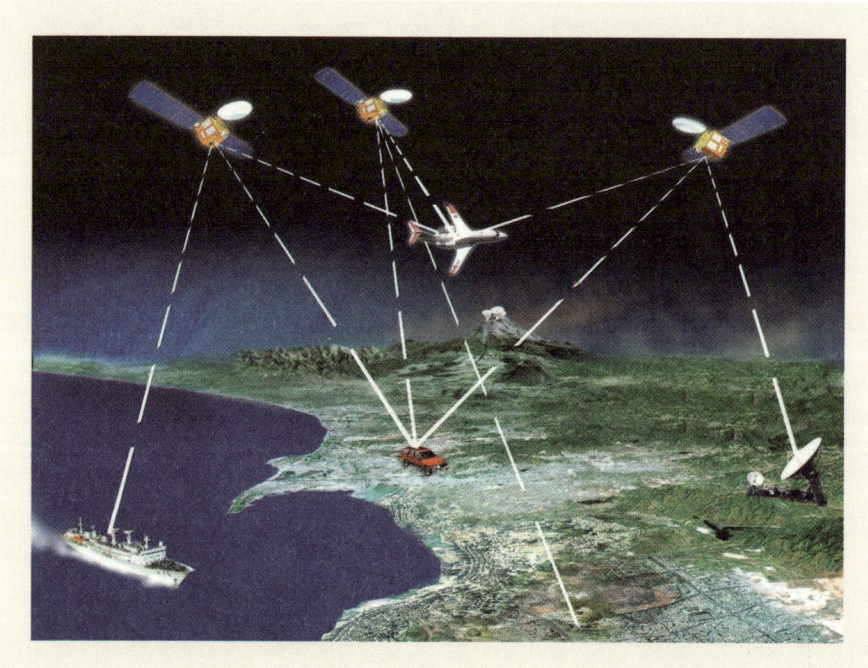

⬆ 孙家栋（右）与沈荣骏（左）在亲切交谈

家的整个经济运行就要受到很大的影响。

那么要如何实现人造卫星的导航功能呢？

20世纪90年代初，时任航天部科技委主任的孙家栋与时任国防科工委副主任的沈荣骏在讨论卫星导航时，思路不谋而合。这两位对国家安危具有强烈责任感的领导人，共同意识到国家建设自主产权卫星导航定位系统的重要性。

很多人说，美国GPS导航系统精度高，免费用，我们何必再去自己研制导航系统？孙家栋和沈荣骏则回答说："现在是和平时期，你可以用GPS；万一有个风吹草动，GPS用不了怎么办？

俄罗斯在搞'格洛纳斯'导航,欧洲也在搞自己的'伽利略'导航,自主导航是事关我们国家安全的重大战略,其价值和利害关系是无法用普通数字衡量的,它对民用市场的经济价值也难以估量。"

事实是最好的老师。1993年,我国的"银河号"货轮在向伊朗运送货物时,被美国拦截,理由是"船内装有化学武器原料"。面对美国的污蔑,我国的货船自然是不予理会。但是,美国却在未和我国商议的情况下,私自关闭了GPS。无奈之下,"银河号"只能任人摆布。这件事情的发生不得不使人联想到,一旦发生战争,如果我国还继续使用GPS导航,美国在关键时刻将其关闭,那造成的后果是不可想象的。所以,发展导航系统是必须要做的事。

基于这样的共同认识和不能找到合作伙伴的局面,孙家栋和沈荣骏联名致信国家领导人,在信中阐明了国家发展导航系统的重要意义,并提出了关于实现方法与途径的建议。国家对此高度重视,并明确表示对他们两人所提建议的支持。

卫星导航系统工程顺利立项,并列入国家科技重大专项。工程代号定名为"北斗"。

1994年12月,孙家栋被任命为"北斗"导航试验卫星工程总设计师,从此研制工作全面启动。从2000年至2004年,我国历尽艰辛从有关国际组织手里争取到了卫星导航频率资源,先后发射了4颗"北斗一号"卫星,建成了卫星导航试验系统,解决了卫星导航系统的有无问题,第一步也就是试验阶段的工作完成了。由于具有导航通信相结合的服务特色,试验系统经过几年的发展,逐步被国内用户认可,在渔业、交通、电力和国家安全等诸多领

⬆ "北斗"卫星导航系统工程标识

在我国之前,世界上已建有3个卫星导航系统,它们是:

美国全球定位系统,即人们熟知的GPS。该系统于1993年6月建成,已广泛用于军事和生活,系统由24颗卫星组成,均匀分布在6条地球轨道上,实现了地球上任何一点均可监测、定位的目标。

俄罗斯"格洛纳斯"系统。该系统起步早于美国全球定位系统,于1995年完成卫星星座的组网布局。系统由31颗卫星组成,布于3条地球轨道上。

欧洲"伽利略"卫星导航系统。该计划于1999年2月由欧盟公布,欧盟和欧空局联合研制。系统由30颗卫星组成,2013年完成系统组网。

我国的"北斗"卫星导航系统是世界上第4个卫星导航系统。它是我国自行研制、独立运行的全球卫星导航系统,系统由30颗卫星组成。

> **链接** 我国"北斗"导航定位系统的发展路径
>
> 第一步，2000年采用双星定位理论建成"北斗"卫星导航试验系统，首先解决有无问题。然后开始组网，建设由4颗卫星组成的第一代导航系统。
>
> 第二步，2012年建成第二代由10颗以上在轨运行卫星组网的系统，形成区域覆盖能力，为亚太地区提供服务。
>
> 第三步，2020年建成第三代由3颗地球静止轨道卫星，以及24颗地球中轨道卫星、3颗倾斜地球同步轨道卫星组成的全球网，形成全球覆盖能力。
>
> "北斗三号"全球系统空间段由30颗组网卫星组成，包括中轨道卫星、地球同步轨道卫星和倾斜地球同步轨道卫星3种不同类型的卫星。

域得到了应用，特别是在汶川、玉树抗震救灾中发挥了重要作用。

2004年，我国启动了"北斗"卫星导航系统建设，首次开始批量研制生产卫星和运载火箭，密集组网发射。同年5月，孙家栋被任命为第二代导航卫星工程总设计师。2007年4月，第二代导航卫星"北斗二号"发射，至2012年，我国已完成了第二步亚太地区局域网的卫星组网工作。2007年，"北斗"卫星导航系统成为ICG（全球导航卫星系统国际委员会）确定的全球系统核心供应商之一。"北斗"系统的建设，促进了全球卫星导航领域的竞争合作，推动了全球卫星导航系统的发展。

⬆ 2018年8月25日，"长征三号"乙/"远征一号"运载火箭发射第35、36颗"北斗"导航卫星

  2017年11月，我国第三代导航卫星"北斗三号"升空。卫星对标国际一流，增加了星间链路、全球搜索救援等新功能，导航信号播发性能更优，星载原子钟天稳定度达E-15量级，定位精度2～3米，较"北斗二号"提升了1～2倍，如果配上增强系统，精度可达厘米级。特别是从系统芯片到计算机操作系统，"北斗三号"实现了核心产品的国产化。2020年7月，由30颗"北斗三号"卫星搭建的完整星网建设大功告成，可以提供全球服务。

  从"北斗一号"服务国内到"北斗二号"提供区域服务，再

◀ 孙家栋在"北斗"会议上讲话

到"北斗三号"全球组网，在短短十几年时间里，我国在太空"棋盘"上广布星子，实现历史性"三级跳"，源源不断地为广大用户提供精准优质的服务。

说不尽每一次重大技术跨越的历程中、每一次圆满成功的背后，有多少惊心动魄的故事，也数不清孙家栋担当了多少次故事的主角。自担任"北斗"导航卫星工程总设计师以来，在北京组织了多少次技术评审，在西昌卫星发射中心指挥了多少次卫星发射，在西安卫星测控中心察看了多少次数据，连他自己也记不清了。有人统计过，近5年中，孙家栋像空中飞人一样穿梭于几地之间，少说也有150多次。

"嫦娥一号"探月卫星圆满成功以后，孙家栋卸下了探月工程一期总设计师的担子,让年轻的同志担纲,他只任工程高级顾问。但他依旧无法"安享晚年",闲不住的孙家栋心无旁骛,把自己牢牢地捆在了"北斗"上。

针对"北斗"导航卫星工程的日后发展问题,还有3件事令孙家栋放心不下。

一是"北斗"系统的质量。他说,中国的航天事业起步很早,但为什么直到20世纪90年代才开始搞卫星导航?这是因为卫星导航系统网络庞大,有很大的难度,需要技术和经验的积累。而且导航系统一旦建立起来,用户量相当的大,别说停机,瞬间的使用效率不好都不行。所以不仅仅是把导航建起来就完事了,要不断地提升系统的可靠性、先进性、实用性,这需要付出很大的财力和人力。

二是和其他系统的兼容性。在自主可控的基础上,中国的"北斗"导航技术并不排斥和GPS等其他卫星导航系统的兼容和互相操作,以提高定位精度和服务质量,推动地面应用的发展。卫星导航产业发展的关键,在于地面技术的应用。对地面应用来说,信息数据量越大,处理精度就越高;信息来源越多,可靠性就越强。孙家栋说,世界4个导航系统的在轨卫星加起来,将达到120颗左右,这也意味着许多国家上空,同时会有20～30颗卫星。如果这4个系统能很好地兼容,可想而知,地面应用设备的定位质量将精准到什么程度。卫星的兼容,涉及频谱、轨道的协调,相当于商量好你走这条车道、我走那条车道,目前协调起来难度还不是很大;但互相操作显得有些复杂,与独立自主有一定冲突,

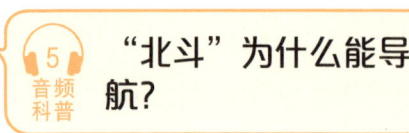

不太容易协调。

三是"北斗"的应用问题。卫星导航应用，只有想不到的，没有做不到的。孙家栋说："国家投入巨资，建起'北斗'导航卫星网络，既可以向亚太地区，又可以向全球发送免费信号、提供免费服务，而可望回收效益的终端接收设备市场如果被国外抢占了，那将是我们很大的失误。形象点说，也就是我们免费提供网络和信号，却让别人赚走了大把大把的钱。一定不能出现这种状况，一定要想办法在未来终端产品环节投入更多力量……"

在孙家栋担任"北斗"导航卫星工程总设计师的26年中，他就是这样痴情地相伴着"北斗"，走过了一年又一年……

7年学飞机，9年造导弹，50年放卫星，孙家栋的一生可谓传奇。

18 心底无私天地宽

7年学飞机，9年造导弹，50年放卫星，孙家栋的一生可谓传奇。在半个多世纪与卫星相伴的岁月里，他的名字与中国卫星的多个"第一"密切相连。

孙家栋主持完成了我国第一颗人造卫星、第一颗返回式卫星和第一颗静止轨道试验通信卫星的总体设计；他担任了"东方红三号"通信广播卫星、"风云二号"气象卫星、中巴资源卫星等3个我国第二代应用卫星工程的总设计师，负责上述大工程的总体设计、技术决策和技术协调，主持解决了一系列重大工程技术问题，工程均取得圆满成功；他担任了我国第一个"北斗"卫星导航工程总设计师，做了多项重要决策，主持解决了多项重大工程技术问题。他是我国月球探测的主要倡导者之一，担任了月球探测一期工程的总设计师，确定了工程目标和工程总体方案，对工程各大系统的技术途径做出重要决策，主持解决了多项关键技术问题，使我国月球探测一期工程获得圆满成功。截至2017年底，孙家栋

▲ 孙家栋获得"共和国勋章"

领导或参与研制发射的卫星多达 63 颗，几乎是我国发射卫星总数的 1/3！

1999 年，孙家栋荣获"两弹一星"功勋奖，是 23 名获奖人员中最年轻的一个；2010 年，他凭着自己在航天领域的杰出成就，和上海复旦大学的谷超豪院士一起获得了 2009 年度国家最高科学技术奖；2019 年 9 月 17 日，他被国家授予"共和国勋章"，时年 90 岁高龄。

有如此大的贡献，孙家栋却把自己看得很简单："反正国家需要你到哪里，就到哪里。交给任务，就把工作做好，这一切都

▶ 生活中的孙家栋是一个谦和的邻家老汉

在航天大院里，经常有人和他打招呼，不论认识不认识，他总是笑脸相迎。食堂里，常见他和大家一起排队打饭、买馒头，别人主动让位请他排到前面，他总是笑着摇摇头。在常人看来，他就是一个谦和的邻家老汉。

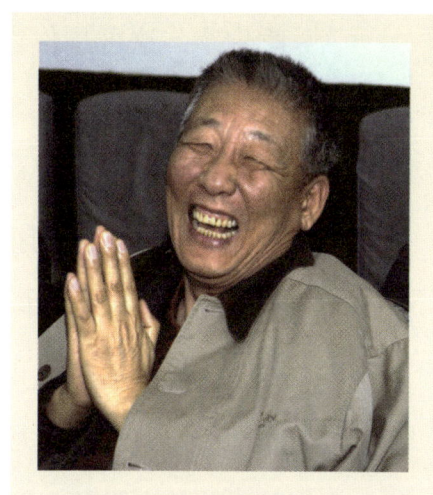

是理所当然的。"他从没有刻意地追求所谓的"崇高"，在他看来，做人做事应当简单一些。

他的脑子里装的尽是这些东西：如何用最小的代价、最短的时间、最有利的配合，制订出最可行的方案，保证获得最好的结果。这是长期作为工程总设计师的孙家栋孜孜以求的目标。他很少计较个人得失，只要谈到个人成就，他总是一语带过。

有一次，孙家栋与老朋友聚会，当谈到社会上的一些人，包括科学界的一些人，为了技术成果和名利而带起的不正之风时，他的老同学刘从军动情地说："孙家栋在中国航天发展中做了那么多默默无闻的工作，很多都不被人知道，他计较过吗？那些追名逐利的人，应该拿孙家栋同志做榜样，拿他跟自己对照一下……"此时，孙家栋憨憨地夹一筷子菜放到老同学的盘子里，说："吃这个，

吃这个，这可是你喜欢吃的东西啊。"在众人的笑声中，他巧妙地岔开了这个话题。

孙家栋取得了辉煌的成绩，采访他、宣传他的机会很多，但他的原则是能推则推，能拒则拒，尤其是对他自己的宣传始终保持低调，从不居功自傲。每当卫星发射成功之际，都是记者们"轮番轰炸"的时候，但是要想抓住孙家栋可不容易。孙家栋的秘书李刚回忆，只要台上一宣布成功，孙家栋知道自己的任务完成了，就对他使个眼色，俩人便趁乱悄悄离开了。

孙家栋有一句经常说的话："什么名利不名利的，如果做出了成绩，那是组织上给了你活动的平台，那是同志们共同努力的结果。几十年来都是确定了任务，按照分工开始忙起来，大家伙儿一门心思都扑在工作上，哪有心思去考虑什么个人得失。同志们都那么努力在工作，你如果总考虑自己，那也太不够意思了吧……"

孙家栋觉得自己是最幸运的人，留学归国就加入了中国航天大军。在90多年的人生旅途中，在半个多世纪的航天职业生涯中，孙家栋有幸参加了我国第一枚导弹的研制；他参与、领军研制发射的卫星奇迹般地占到整个中国航天飞行器的1/3，并在工程中担任卫星技术负责人、总设计师或工程总设计师；他亲身经历了中国航天事业从地球卫星到月球卫星的里程碑式的发展历程。孙家栋曾经动情地说："搞了一辈子航天，航天就是我的'爱好'，这辈子都不会离开了。"

每当面对媒体，他常挂在嘴边的话是：

"几十年的历史实践已经让我们深刻认识到，最先进的武器是买不来的，军工核心技术是买不来的，航天尖端产品也是买不来的，我们必须依靠自己的力量加强国防。增强军工科技创新能力，是国防科技工业增强核心竞争力的必由之路。

"我能够主持卫星总体设计工作，得益于中国航天事业的稳步发展。是中国航天事业的发展为我提供了平台，是中国航天事业的发展成就了我。

"航天的事情一丝一毫都马虎不得，每个人手中的事情看似不大，但集合起来就是事关成败、事关国家形象和经济利益的大事情，不论是哪个航天人，他都会想尽一切办法把事情办好。如果要说我自己，我也就是那千千万万航天大军中的一分子。"

这是一个老航天人的情感之声、肺腑之言。

19 两情正是长久时

一个成功的男人背后,一定有一个贤内助的支撑。孙家栋的贤内助叫魏素萍。

1959年8月,孙家栋与哈尔滨姑娘魏素萍喜结连理。

婚后,魏素萍很快由哈尔滨调到北京,她在航天系统的医院从事医疗工作,曾任心血管科副主任。穿上白大褂,戴上听诊器,魏素萍是个好医生;回到家里,家务全包,又是个好妻子。她几十年如一日,任劳任怨。魏素萍回忆起家庭与工作时说:"自打与孙家栋在一起就没见他闲过,一方面知道他的工作重要,另一方面他也经常不在家,在北京时不是加班就是开会,要不就是出差。到发射基地执行试验任务时,一去就是几个月,家里的事情别说压根儿没想靠他,就是想靠也靠不上。我们年轻时上有老、下有小,几十年来也习惯了。现在孩子都长大了,家里没有负担了,我们也老了。"魏素萍将几十年的生活说得那么轻松,丝毫没有怨言,可是孙家栋有时却觉得自己亏欠夫人不少。

➡ 年轻时的孙家栋与魏素萍

那是1967年12月，魏素萍就要临产了，可孙家栋正在参加组建空间技术研究院的工作，整天忙得根本没有时间回家。孙家栋有时想晚上去看一看夫人，可他这个"拼命三郎"实在没有时间。女儿在北京平安出生后，魏素萍躺在医院的床上很伤心，看到别的产妇都是家人欢天喜地、全力照顾，自己的床边却见不到丈夫的身影。想到这里，魏素萍感到一阵阵心酸。第二天晚上，魏素萍总算把孙家栋盼来了，可他到医院的时间太晚了，由于还有等待处理的急事，孙家栋看了看孩子，也就仅仅停留了十几分钟，便匆匆离去。

记得还是女儿出生后的一个星期天上午，孙家栋在家休息，打算帮夫人做饭。别看他在工作上大智大勇，做起家务活却笨手笨脚。不知是柴不干还是煤不好，炉子里只冒烟而不着火，孙家栋趴在地上，鼓着腮帮子对着火炉使劲吹，直吹得浓烟翻滚，却不见火苗。黑烟、柴灰搞得他两眼淌泪，满脸像涂花了的黑包公。

⬆ 孙家栋与夫人魏素萍

恰巧宋健来办事，顺便到孙家栋家里看他。见此情景，宋健哈哈大笑说："孙家栋呀孙家栋，研究院的大部分职工都用上了煤气灶，你这个当领导的却趴在这个破煤炉下弄个大花脸，你这是怎么搞的？"那个年月物资紧缺，连日用品都是凭票供应，煤气灶更是要按数量分配，身为研究院领导的孙家栋，每次院里分配煤气灶，他都是先让给别人，所以自己家一直还在烧蜂窝煤炉子。为这事，魏素萍心里还老犯嘀咕，她对孙家栋说："煤气灶这玩意儿各单位都是男方分，你们那儿怎么就没有轮到你的时候？"后来她才算搞明白，孙家栋总是学雷锋先人后己。

还有一件使魏素萍想不通而生气的事。那时家里装了电话，经常深更半夜电话铃一响，孙家栋不披衣服就从床上跳下，到外屋去接电话，一捧起电话就像开会讨论似的没完没了。每当这时，魏素萍就会拿着大衣跟过来给他披上，然后默默地离开。但有时不知是不愿让魏素萍听到他谈工作的内容，还是嫌魏素萍在旁边影响他的谈话，孙家栋总用眼睛瞪她，示意她走开。有一次，他接电话时，一手捧着电线不够长的电话，一边斜着身子伸长脚尖把门关上，这下惹恼了魏素萍："这家里就我们俩，你工作上的事就是再保密，也不至于这样防备我吧，真是职业病！"话是这样说，她的心里还是理解孙家栋的：当时中国刚起步研制导弹、卫星，上不告父母，下不告妻儿，他这是在严守纪律。

1994年11月24日，作为我国第一颗大容量通信卫星工程总设计师的孙家栋，已经在西昌卫星发射中心待了很长一段时间。此时火箭、卫星都已测试完毕，太平洋上的远洋测量船和国内各个测量站都已完成各项准备工作，发射场的各项工作都已就绪，卫星发射进入最紧张的时刻。这一天，魏素萍突然患了脑血栓，医院对她进行了紧张的抢救和治疗，即便这样，她的半边身子还是失去了知觉。

当天，这个消息就传到了远在几千里之外的发射场，几乎人人都知道了这件事，唯独孙家栋不知道。作为一个高层领导，他总要在发射前夕把所有出现的技术问题再在脑子里过一遍，一定要保证异常现象清零，要绝对做到卫星不带问题上天。由于孙家栋的责任重大，同事们没敢把魏素萍的病情告诉他。

一周后，卫星被成功送入太空。孙家栋多日来的紧张一扫而空，顿时觉得浑身像散了架似的疲惫无力，而此时他还要立即回北京主持与美国航天代表团的谈判。他勉力支撑着疲惫的身体，咬着牙完成了谈判，在会谈文件上签了字后，当天便累倒了，同事们用担架把他直接抬进了附近的医院。孙家栋住进医院，这才惦记起魏素萍——这么长一段时间，她怎么没有一点消息？

孙家栋很快弄清了情况，经他的再三要求，老两口住在了北京同一个医院接受治疗。为了不让夫人替他担心，孙家栋提前想好了对魏素萍该说些什么。他见魏素萍病得很重，满怀歉意地说："最近工作太忙脱不开身，要不早来看望你了。"而魏素萍看到他苍白的脸上写满了憔悴和疲惫，就猜到他是生病了在住院。患脑血栓的魏素萍尽管言语吃力，但还是连说带比画地向医生表达她要如实了解孙家栋的病情。后来，医生同意了她的请求，并按他们的想法，把老两口安排进了同一间病房。

魏素萍出院后，半边身体麻木，不仅腿脚不灵活，连胳膊和手也不听指挥。为了让魏素萍的四肢恢复正常功能，孙家栋在精神上鼓励她，在生活上照顾她，百忙中挤出时间和她一起锻炼身体。真情温暖了魏素萍的心，一年后，她竟奇迹般地康复了，这让身边的人都惊讶不已。有谁能想到，这一年，孙家栋的体重一下子减了20多斤。他还开心地打趣道："这个减肥办法真好，就连最难对付的脂肪肝也一下子没有了。"

其实，不论多忙，孙家栋的心里还总是惦记着与自己甘苦与共的魏素萍。一次，孙家栋到新加坡出差，闲暇之际，陪同人员

⬆ 幸福的老两口

  提议出去逛一逛，孙家栋却提出去个卖女鞋的地方。原来，孙家栋是想给夫人魏素萍买双合适的软鞋。挑选鞋子的时候，孙家栋像变戏法似的拿出一张纸，他说这是比照魏素萍的脚画好后剪下来的纸样，说着便把这个纸样塞到鞋里进行比对，在场的人都被他对夫人的细致关怀所打动。

  孙家栋和夫人魏素萍相濡以沫几十年，虽然因为工作原因，不能朝朝暮暮，但是两情长久，相伴一生。

20　犹向苍穹寄深情

从领衔研制"东方红一号"人造卫星开始，50余年来，孙家栋一路攻坚克难，担任中国多项航天工程的总设计师，带领团队把中国高度、中国速度写在了太空上。孙家栋说："航天人的初心和使命就是，一辈子得做几件让人民记得的事。"

2017年2月8日晚，央视综合频道播出了《感动中国》2016年度人物的颁奖盛典，孙家栋荣膺其中。在盛大的舞台上，人们在记忆里感悟悠远的岁月，用激情拥抱令人动容的英雄。当年的帅小伙如今已经老迈，青丝化为银发，挺直的腰板也微微有些驼了，但孙家栋那双眼睛依旧炯炯有神，他的胸怀还装得下星辰大海。

人们从屏幕上看到了孙家栋哭泣的背影，这是一个被摄影师记录下来的感人瞬间。

在"嫦娥一号"顺利完成环绕月球飞行后，当航天飞行指挥控制中心的扬声器里传出成功的消息时，在场的人全部从座位上站起来，欢呼跳跃，握手拥抱。而孙家栋，这位为中国航天事业

⬆ 孙家栋在西昌卫星发射中心送"嫦娥"

《感动中国》组委会给孙家栋的颁奖辞是这样的：
星斗焕文章
少年勤学，青年担纲，你是国家的栋梁。导弹、卫星、嫦娥、北斗。满天星斗璀璨，写下你的传奇。年过古稀未伏枥，犹向苍穹寄深情。

几乎奋斗了一生的、年近80岁的老人，却走到了一个僻静的角落，悄悄地背过身子，掏出手绢默默地擦眼泪。当时这一幕，不知看哭了多少人。那个时刻，唯有和孙家栋一起走过这些不凡征程的人，才能真正体会他内心的五味杂陈。也正是这些曾哭过却绝不倒下的共和国脊梁，这些为梦想而选择坚守的人，成就了伟大的中国航天事业。

孙家栋从不大喜大悲，他不到极致是不会轻易掉泪的，那是喜悦的泪水，也是经历了昔日的艰难拼搏并最终获得成果时的情感宣泄。孙家栋在航天发射试验中遇到过太多的艰难险阻，身边的人未曾见他掉过眼泪，此时他流下激动的泪水，足以说明中国探月工程的艰难。

中国首次探月获得圆满成功后，记者对孙家栋进行了采访。通过采访，人们对孙家栋的内心世界有了一些了解和感悟。

在采访的过程中，记者向孙家栋提出了这样一个问题："假设我们实现了载人登月，航天员可以把一件属于您的东西带到月球上作为永久纪念，您希望带什么去？"

孙家栋的答案完全出乎记者的预料，他说："我是这样看的，假设我们迎来了中国人登上月球的那一天，带上月球的每一克物品都是非常宝贵的，我不会带我自己的东西，我肯定要根据我们国家事业的要求来带更重要的东西。你可以看一看我们的'嫦娥一号'卫星，它本身的重量是2350千克，里头装的推进剂就占1200千克。而要把这件飞行器送到月球，代价相当大。所以你可以想一想，载人登月每一克的价值是多少。我们绝对会精打细算，每一克都要用得非常有意义。你问我自己想带什么上去，这个我绝对不敢设想。"

记者还是不甘心，又指着孙家栋面前的月球仪，话题一转像是开玩笑似的对他说："既然您说带上月球的每一克物品都很宝贵，不能随便带，那您希望以自己的名字给上面的某个地形命名吗？这总归不占分量了吧？"

孙家栋笑了笑，说："不敢想，从来没想过。不过自从参与探月工程，现在每天晚上抬头看月亮，那感觉和从前好像是有点不一样了。"

2007年是孙家栋最为繁忙的一年。为了探月工程能够按计划顺利实施，大量的事情需要协调落实，他经常马不停蹄地从一个城市飞往另一个城市，打"飞机的士"成了他的家常便饭。这一年里，78岁的孙家栋10次进入发射场，在发射现场指导了5次卫星发射任务，主持及参加了近百个与航天有关的会议，空中飞人似地从北京往返全国20多个地方。有时一周内竟然能去三四个城市。

▼ 孙家栋（中）在研制现场检查探月卫星配套设备研制生产情况

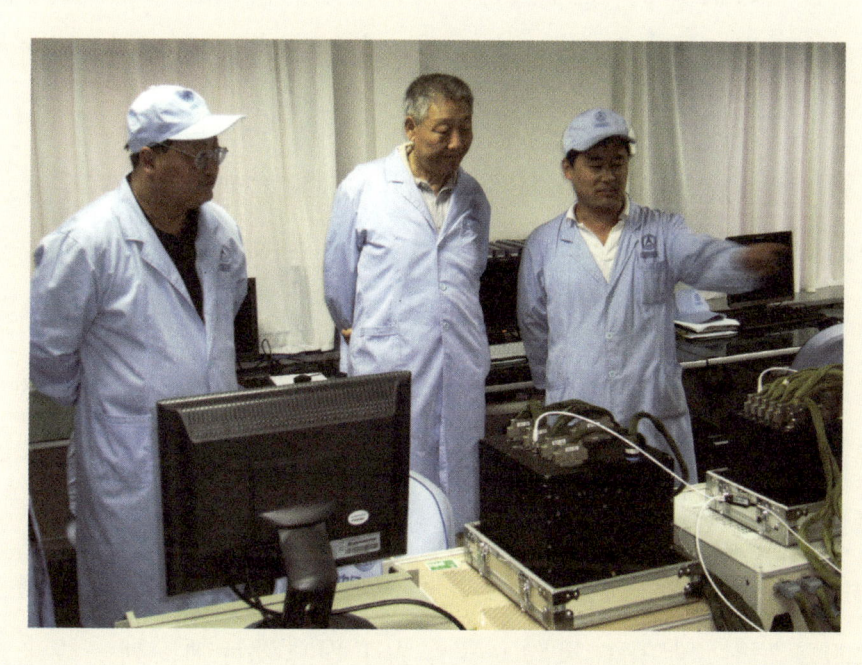

在"嫦娥一号"卫星发射前夕，孙家栋更是忙得不亦乐乎，两周内他几乎不停息地穿梭于北京、四川、山西之间。从9月初"嫦娥一号"卫星进入发射准备状态开始，一直到11月26日卫星出图的近百天时间里，孙家栋几乎全身心地投入到了探月工程的实施中。卫星发射成功后的一个月里，孙家栋虽然人在北京，但心系"嫦娥"，天天坐镇航天飞行指挥控制中心，时刻关注着卫星每个动作的准确性。孙家栋的夫人魏素萍心疼地说："他总是天天跑，穿皮鞋太累，我每年光布鞋就给他买四五双，你说他费不费。"

为了中国的探月工程，一位老人一年要穿破好几双布鞋！这双脚踏出来的是中国航天人的拼搏道路，显露的是一个科学家的毅力和情怀。

在"嫦娥一号"卫星发射之前，孙家栋就已经在酝酿探月工程的后续发展了，他将一部分精力投入到了探月工程第二期实施方案的编制中。在那段繁忙的日子里，仅仅在2007年3月2日到7月13日短短4个月的时间内，孙家栋就主持召开了8次"探月工程第二期实施方案编制专家组会议"，他一边指挥协调"嫦娥一号"发射前的大量工作，一边组织相关人员编制探月工程第二期实施方案。2009年，孙家栋年满80岁了，但这一年他主持或参加的卫星发射会、登月战略研究会、火箭技术评审会等重要活动仍达50次之多。有人问他："您这么大岁数了，为何总要亲临现场坐镇指挥？"孙家栋回答得很简单："任何一次卫星发射，都存在风险。我作为工程总设计师，到一线来是

⬆ 孙家栋（左）在总装现场查看卫星

我应当做的事。"

让孙家栋欣慰的是，中国探月工程二期于 2014 年告捷；探月工程三期也以"嫦娥五号"成功取样返回而大功告成，并即将开始月球科考基地的建设；火星探测器"天问一号"已经把"祝融号"火星车送上火星，正在报告火星的秘密；中国"北斗"也已经服务全球。中国航天可持续发展的步伐正在快速地向前迈进。

时至今日，173 千克的"东方红一号"卫星仍在不知疲倦地环绕地球飞行。90 多岁的孙家栋，仍然事务繁多，航天战略发展的研究、应用卫星的发展方向、航天技术对国家科技发展的牵引带动、多项重大科学技术评审等，都请他亲临现场，坐镇决策和指导。特别是说到"北斗"时，耄耋之年的孙家栋双眼就会放光，随着"北

▣ 孙家栋在"北斗"发射现场
▣ 孙家栋（前排右二）把"北斗"的应用挂在心上

斗"服务全球的推进，下游行业呈现"井喷"趋势，卫星导航与云计算、物联网、移动互联网和大数据等融合发展已经成为趋势，"北斗+"的时代正在到来。

孙家栋在总结自己的航天岁月时说："干航天首先要有热爱精神。办任何事情你不喜欢它，别人逼着你干，那是干不好的。其次，要有执着精神。科学之路没有坦途，要执着向前、砥砺前行。最后，要有奉献精神。科学家往往几十年默默无闻才能创造出很大的成果，没有奉献精神，很难做到。"

中国人的航天梦，从腾飞的那一天起，就注定永无止境。

"自第一颗人造地球卫星首战告捷起，到绕月探测工程的圆满成功，您几十年来为中国航天的发展做出了突出贡献。共和国

⬆ 孙家栋最大的心愿是造一辈子"中国星"

不会忘记，人民不会忘记。"这是十几年前钱学森写给孙家栋80寿辰的贺信。10年后，孙家栋写下诗句表达爱国深情："北斗耀宇宙，东方星车联，圆我中国梦，无悔华夏人！"

孙家栋说，自己最大的心愿就是造一辈子中国星！"如果身体可以的话，我希望能看到中国航天员登上月球。"

链接索引

茹科夫斯基空军工程学院	「斯普特尼克一号」	「东方红一号」	「实践一号」卫星	返回式卫星	地球静止轨道
014	039	047	056	061	064

「东方红二号」卫星　068

「东方红三号」卫星　076

探月工程"大系统"　092

「长征三号」甲运载火箭　097

我国「北斗」导航定位系统的发展路径　106

 音频科普索引

『北斗』为什么能导航?

『嫦娥五号』怎样带回月球土特产?

返回式卫星返回地面时会遇到什么难关?

人造卫星会不会从天上掉下来?

什么是导弹?

035　　050　　062　　099　　110